Friedrich Bergdolt · Ahmed Zeki Velidi Togan

ISLAMKUNDLICHE UNTERSUCHUNGEN · BAND 59

herausgegeben von
Klaus Schwarz

KLAUS SCHWARZ VERLAG · BERLIN

ISLAMKUNDLICHE UNTERSUCHUNGEN · BAND 59

Friedrich Bergdolt

Der geistige Hintergrund des türkischen Historikers Ahmed Zeki Velidi Togan

nach seinen Memoiren

KLAUS SCHWARZ VERLAG · BERLIN · 1981

Alle Rechte vorbehalten.
Ohne ausdrückliche Genehmigung des Verlages
ist es nicht gestattet, das Werk oder einzelne Teile daraus
nachzudrucken oder zu vervielfältigen.

© Klaus Schwarz, Berlin 1981.
ISBN 3-922968-00-7
Druck: T.O.M.-Druck, Lützowstraße 102-104, 1000 Berlin 30,
   Telefon: 2 62 40 77

Vorwort

Unter den Historikern der Türkischen Republik nimmt Ahmed Zeki Velidi Togan (1890-1970) allein auf Grund seiner baschkirischen Herkunft eine Sonderstellung ein. In seinen Memoiren, den Hâtıralar, hat er die ersten fünfunddreißig Jahre seines Lebens aufgezeichnet. Das Werk enthält zu einem großen Teil Aufzeichnungen über die nationalen Befreiungskämpfe der Turkvölker Zentralasiens, die als ein Gegenstück zu den Unabhängigkeitsbewegungen in Nordafrika und Vorderasien angesehen werden können. Die Weltanschauung des Autors wurde durch diese Zeit der Auseinandersetzungen geprägt, an denen er selbst maßgeblich beteiligt war. Im bescheidenen Rahmen dieser Arbeit soll versucht werden, an Hand der umfangreichen Autobiographie den geistigen Werdegang des Politikers und Historikers Ahmed Zeki Velidi Togan darzustellen.

Die Angaben, die Togans Memoiren zu entnehmen sind, werden durch eine Anzahl wertvoller Hinweise ergänzt, die ich einem persönlichen Gespräch mit der Witwe Zeki Velidis, Frau Nazmiye Togan, entnehmen konnte. Dieses Gespräch fand am 13. August 1979 in der türkischen Hauptstadt statt. Grundlage dafür war eine Liste mit siebzehn vorbereiteten, ins Türkische übersetzten Fragen, die Frau Nazmiye Togan im Verlauf des einstündigen Gesprächs beantwortete. Dieses Interview wurde auf ein Tonband aufgezeichnet und später zur Auswertung und weiteren Bearbeitung im türkischen Wortlaut und in deutscher Übersetzung schriftlich niedergelegt. Der Text der deutschen Übersetzung ist dieser Arbeit als Anlage beigefügt. Frau Nazmiye Togan gebührt mein Dank für ihre liebenswürdige Bereitschaft zu diesem aufschlußreichen Gespräch.

An dieser Stelle möchte ich allen danken, die in irgendeiner Weise zum Entstehen dieser Arbeit beitrugen. Zu besonderem Dank bin ich Herrn Professor Hans R. Roemer verpflichtet, der die Bearbeitung des Themas anregte und sie mit Rat und

Tat förderte. Frau Privatdozentin Dr. Erika Glassen und
Herrn Privatdozent Dr. Bert Fragner danke ich für viel-
fältige Hinweise, Anregungen und Gespräche. Daneben auch
ein herzliches "sağ ol!" meinem türkischen Kommilitonen
Bayram Can für die Hilfe bei der Bearbeitung des Interviews.

Freiburg i. Br., im Mai 1980
                         Friedrich Bergdolt

Inhalt
──────

A Die Memoiren Togans: Das autobiographische
   Werk eines türkischen Historikers des
   20. Jahrhunderts   1

B Der geistige Hintergrund Togans
   I.   Die Kontinuität in seiner geistigen
        Entwicklung   15
   II. Seine Kindheit und Jugend in
        Baschkirien

        Das Milieu als prägende Kraft   18
        1) Das Elternhaus   20
        2) Die Welt von Ütek   25
        3) Die Klasse der Molla   31
        4) Ländliches Leben und Volks-
           bräuche   39
   III. Weitere Stationen der Ausbildung
        1) Orenburg   46
        2) Universität Kazan   50
   IV. Vertiefung der ideologisch-kultu-
        rellen Weltanschauung
        1) Das religiöse Weltbild
           (a) Der Islam   55
           (b) Das Christentum   69
           (c) Naturreligionen   71
        2) Das politische Weltbild   72
           (a) Sozialismus und Kommunismus   77
           (b) Panturkismus und Panislamis-
               mus   87

C Zusammenfassung   107

D Anlagen
   I.   Interview   110
   II. Karte von Zentralasien   121
   III. Literaturverzeichnis   122
   IV. Indices   129

A   Die Memoiren Togans: Das autobiographische Werk
     eines türkischen Historikers des 20. Jahrhunderts

Wie Togan bereits im Vorwort seiner Memoiren, der Hâtıralar, bemerkt, bestand das Material, dessen er sich bei der Niederschrift seines Werkes bediente (bu hâtıralara kaynak olan malzeme), aus Unterlagen verschiedener Art. Dazu gehörten eine Reihe von Notizbüchern, Dokumente, die Korrespondenz mit seinen Eltern und Freunden in Rußland, sowie Zeitschriftenmaterial, das damals in Russisch-Turkestan erschienen war (Interview Frage 2). Anfang 1923, bevor Zeki Velidi mit seinem Freund und Mitkämpfer Fethülkadir Süleyman (jetzt Professor Abdülkadir Inan in Ankara) von Turkestan nach Afghanistan flüchtete, wurde ein beträchtlicher Teil dieses Materials verschlüsselt und durch die Vermittlung der Gesandtschaft Bucharas in Kabul und von Kaufleuten, die nach Muḥammadābād[1] fuhren, außer Landes gebracht. Im gleichen Jahr gelangte eine Anzahl wichtiger Dokumente durch Togans Landsmann Osman Tokumbet nach Finnland[2]. Später wurde das Material ergänzt und vervollständigt anhand verschiedener russischer Veröffentlichungen, die Zeki Velidi 1957 während seines Amerikaaufenthalts in den Sammlungen der Stanford-Universität in Palo Alto (California) und in Seattle vorfand. Daneben bediente er sich auch der umfangreichen russischen Zeitschriftensammlung der Hooverschen Kriegsbibliothek zu Palo Alto (Hoover Institution on War, Revolution and Peace), die von F.A. Kerensky angelegt worden war und der Mikrofilmsammlung von Zeitungen Turkestans, die er an der Berkeley-Universität vorfand (Interview Frage 5, H "Vorwort").

Zu den wichtigsten Arbeitsunterlagen gehörten die oben erwähnten Notizbücher. Jedes Jahr legte Zeki Velidi ein solches Heft an, dem Umfang nach eher eine Art Notizbuch, in

---

1) Der Ort liegt an der iranisch-russischen Grenze, nordwestlich von Mašhad (s. Karte).
2) Ein Teil von Togans Unterlagen, der damals abhanden gekommen war, befindet sich heute an der Universität Irkutsk (H 235).

das er regelmäßig seine Eintragungen machte (Interview Frage 5). Diese Art, wichtige Ereignisse und Gedanken niederzuschreiben, hat er bis in die letzten Jahre seines Lebens beibehalten.

Den ersten Entwurf seiner Memoiren beendete Zeki Velidi bereits 1924, in der Zeit eines vierzehnmonatigen Aufenthalts in Berlin. Doch selbst als er im Frühjahr 1925 in die Türkei zurückkehrte und dort die folgenden sieben Jahre blieb, kam es noch nicht zur Publikation seiner Memoiren. Als Grund dafür gibt Zeki Velidi im Vorwort an, daß er damals einen "geeigneten Verleger" nicht finden konnte. Der wahre Grund war aber wohl, daß es in der Türkei kein Interesse an den Turkvölkern außerhalb des eigenen Landes gab. An dieser Haltung hat sich bis heute nicht viel geändert (Interview Frage 6, ebenso das Folgende). Natürlich wollte Zeki Velidi auch vermeiden, durch eine Publikation des Werkes die Namen einer großen Zahl in Rußland verbliebener Mitkämpfer preiszugeben und zu gefährden. Hätten nämlich die Sowjets erfahren, daß bestimmte Persönlichkeiten mit Zeki Velidi in Verbindung gestanden hatten, wäre mit Verfolgungen zu rechnen gewesen.

Später, etwa von 1925 an, stellte Zeki Velidi die Arbeit an seinen Erinnerungen weitgehend ein, führte seine Notizbücher aber nach wie vor laufend weiter, für jedes Jahr ein neues. Erst 1957 entschloß er sich auf das Drängen eines Amerikaners hin, seine Memoiren abzuschließen (Interview Frage 6). Daraufhin nahm er die Arbeit wieder auf und beschäftigte sich damit sieben oder acht Jahre hindurch, mit besonderer Intensität aber nur im letzten Jahr dieses Zeitraums. Zuvor hatte er nur insoweit daran arbeiten können, wie ihm seine Lehrverpflichtungen an der Universität und die Teilnahme an zahlreichen Fachkongressen Muße ließen. Ein festes Programm hatte er für seine Memoiren nicht aufgestellt, auch keine speziellen Pläne, nach denen er hätte vorgehen wollen.

Nachdem er sie schließlich im April 1966 abgeschlossen hatte (H 630: Untertitel der Abbildung Nr. 37), ließ er sie von Orhan Şaih Gökay, einem Dichter und Schriftsteller, durchsehen, damit dieser seinen vom Osttürkischen geprägten Stil dem Türkeitürkischen angleiche. Danach ging das Werk zum Druck an die Tan Matbaası der Firma Hikmet Gazeteçilik Ltd Şti. Als Erscheinungsort und -jahr ist İstanbul 1969 angegeben. Das Vorwort trägt das Datum des 18. Februar 1967, ebenso der Hauptteil (H 616), während das Nachwort auf den 20. Juli 1969 datiert ist (H 617).

Wie schon aus dem Untertitel der Memoiren, Türkistan ve diğer Müslüman Doğu Türklerinin millî varlık ve kültür mücadeleleri "Turkestan und die nationalen Existenz- und Kulturkämpfe der sonstigen muslimischen Osttürken", hervorgeht, behandelt dieses Werk zu einem großen Teil die nationalen Befreiungskämpfe der Turkvölker im Rahmen der geschichtlichen Entwicklung Rußlands in der Zeit von 1916 bis 1923. Die Tatsache, daß Togan im wesentlichen nur denjenigen Abschnitt seines Lebens ausführlich darstellt, den er in Rußland verbracht hatte, ist ein deutliches Indiz für die große Bedeutung, die er den damaligen Ereignissen beimaß, und zwar nicht nur in Zusammenhang mit seiner eigenen Weltanschauung, sondern auch in weltpolitischer Hinsicht. Selbst im Nachwort, das etwa ein halbes Jahrhundert nach der Oktober-Revolution und der bolschewistischen Machtergreifung entstanden ist, beschäftigt er sich unter Bezugnahme auf die Gegenwartslage noch einmal mit den politischen und ökonomischen Verhältnissen seiner einstigen Heimat, Baschkiriens, und mit den Beziehungen der islamischen Länder Vorder- und Mittelasiens zu der Sowjetunion. Togan sieht in ihrer Ideologie, dem Kommunismus, in den fünfziger und sechziger Jahren unseres Jahrhunderts dieselbe Gefahr, wie in den Jahren 1919 und 1920, als die Bolschewiken in der Auseinandersetzung mit den Minderheiten Rußlands die realen Absichten und Ziele ihrer Politik zeigten, die kaum noch mit den in

Lenins Frühschriften proklamierten Idealen in Einklang
standen. Das betrifft vor allem Vorstellungen zu Fragen
des nationalen Selbstbestimmungsrechts der Völker. Daher
lag Togan vor allen Dingen daran, mit seinen Memoiren die
Welt vom nationalen Befreiungskampf Turkestans gegen die
Bolschewiken bzw. die Sowjets in Kenntnis zu setzen. Die
wenigen Jahre von der geistigen Auseinandersetzung bis zum
gewaltsamen Kampf mit dem Kommunismus hatten ausgereicht,
um in Zeki Velidi die tiefe Überzeugung vom expansiven und
die gesamte Welt bedrohenden Charakter dieser Ideologie
entstehen zu lassen (Interview Fragen 8, 10 und 15, H 461).
An dieser Überzeugung hatte sich Zeit seines Lebens offensichtlich nichts geändert. Das betrifft nicht nur Togans
Anschauungen zu Fragen der Politik, sondern gleichermaßen
auch Fragen der Religion und der Geisteswissenschaften.
Zu erkennen ist es daran, daß die Memoiren vor ihrem Druck
1969 einer Revision unterzogen wurden, bei der gewisse in-
haltliche Korrekturen vorgenommen wurden, aufgrund derer
schließlich die in der Publikation dargelegten Meinungen,
Gedanken und Vorstellungen tatsächlich im wesentlichen denen der ersten schriftlichen Fixierung im Jahre 1924 entsprachen.

Togans Memoiren behandeln den Zeitraum von 1890 bis 1925,
also den Lebensabschnitt von seiner Geburt im Dorf Küzen in
Baschkirien bis zu seiner Rückkehr aus Deutschland in die
Türkei Atatürks. Das Werk ist in zehn Kapitel unterteilt,
deren Reihenfolge vom chronologischen Ablauf der Ereignisse
bestimmt ist:

I. Meine Jugend (Gençliğim, S. 2-49).
II. Die Jahre von 1908 bis 1916: Meine ersten wissenschaftlichen Arbeiten (1908-1916 yılları: İlk ilmî calışmala-
rım, S. 50-134).
III. Die Jahre von 1916 bis 1918: Das politische Leben (1916-
1918 yılları: Siyasî hayat, S. 135-242).

IV. Die Jahre von 1919 bis 1920: Fünfzehnmonatige Zusammenarbeit mit den Sowjets (1919-1920: Sovyetlerle onbeş ay işbirliği, S. 243-328)[1].
V. Die Kämpfe in Turkestan (Türkistan'da mücadeleler, S. 329-468).
VI. Sieben Wochen im iranischen Chorasan (İran Horasan'ında yedi hafta, S. 469-85).
VII. Fünf Monate in Afghanistan (Afganistan'da beş ay, S. 486-515).
VIII. Von Indien in die Türkei (Hindistan-Türkiye, S. 516-36).
IX. Die achtzehn Monate, die ich in Europa verbrachte (Avrupa'da geçirdiğim onsekiz ay, S. 537-94).
X. Von Europa in die Türkei (Avrupa'dan Türkiye'ye, S. 595-616).

Die chronologische Einteilung, wie sie der Disposition der Memoiren zugrundeliegt, wird in den ebenfalls mit Überschriften versehenen Teilkapiteln nicht konsequent beibehalten. Daneben ist die Art der Darstellung nicht selten aphoristisch und von ungenügender Genauigkeit, so daß eine stringente Bearbeitung erschwert, teilweise sogar unmöglich gemacht wird[2]. Auch auf die zeitlichen Angaben, die Ereignisse wie politische Kongresse, Autonomieerklärungen und dergleichen betreffen, ist nicht immer Verlaß. Im Vergleich zu entsprechenden Angaben anderer Autoren, z.B. Benningsen und Lemercier-Quelquejay und Zenkovsky, erhebt sich zwangsläufig die

---

1) Im Inhaltsverzeichnis (H 641) spricht Togan von einer achtzehnmonatigen Zusammenarbeit mit den Sowjets. Die genaue Zeitdauer läßt sich jedoch kaum feststellen.
2) Diese Feststellung beruht nicht nur auf eigener Erfahrung, sondern steht auch im Einklang mit denen, die mein türkischer Kommilitone Bayram Can bei auszugsweiser Lektüre des Werkes gemacht hat.

Frage, welches von mehreren Daten richtig ist[1]. Desgleichen zeigen sich Unstimmigkeiten bei der großen Anzahl der Namen von Persönlichkeiten aus Politik, Wissenschaft, Kultur, Religion und anderen. Bei wiederholter Nennung dieser Namen zeigen sich in der Schreibweise nicht selten mehr oder weniger starke Abweichungen[2].

Obwohl Togan seine Memoiren in der Hauptsache unter dem Aspekt einer politischen Publikation verfaßte, so war doch auch die Zeit nach 1925, als seine politische Tätigkeit allmählich zugunsten der wissenschaftlichen zurücktrat, mit persönlichen Ereignissen so angefüllt, daß allein dadurch eine Fortsetzung der Memoiren gerechtfertigt wäre. Allerdings war die Zahl der Ereignisse und Erlebnisse so groß, daß Zeki Velidis Leben nicht ausgereicht hätte, sie niederzuschreiben. Er hatte deshalb nicht einmal die Absicht, es zu tun (Interview Frage 1).

Die beinahe unüberschaubare Fülle von Angaben unterschiedlicher Art, die Togans Memoiren enthalten, bestimmen den Wert dieses Werkes als historische Quelle[3]. Der größere

---

1) Vgl. hierzu folgende Angaben: Zweiter Komintern-Kongreß in Moskau: H 252: 2.-6. März (1919?); dagegen gibt Togan in Türklügün mukadderatı üzerine, S. 13, zumindest das Jahr 1920 an. Benningsen-Lemercier, Islam in the Soviet Union, S. 118, hingegen verweisen auf Juli und August 1920, s.S. 118. Bzgl. der Proklamation der nationalen territorialen Autonomie Baschkiriens vgl. H 185: 16. November (nach dem europäischen Kalender der 29. November) und Jansky, Armağan, S. XVIII: 17. November; Zenkovsky, Panturkism, S. 197: 15. November 1917.

2) In diesem Zusammenhang sei darauf verwiesen, daß das Suffix "-ev" oder "-ov" bei Namen in russischer Schreibweise im allgemeinen dem türkischen "oğul" bzw. "-oğlu" entspricht. Togan verwendet - gelegentlich auch für den gleichen Namen - sowohl die russische, als auch die türkische Form.

3) Eine allgemeine Betrachtung über Autobiographien und Memoirenliteratur findet sich bei Opgenorth, Einführung in das Studium der neueren Geschichte, daraus "Historiographie und Memoiren", S. 26-38. Zur Rolle der Biographie innerhalb der historischen Studien s. Plumb, Men and Places, S. 217-23.

Teil dieser Angaben wurde nicht aus der Erinnerung im Rückblick auf einen langen Zeitraum von mehreren Jahren oder gar Jahrzehnten niedergeschrieben, sondern stützt sich unmittelbar auf die von Togan Jahr für Jahr verfaßten Notizbücher. Eine tendenzielle Darstellungsweise, wie sie sich als Folge späterer Reflexionen über das eine oder andere Thema nach der Erinnerung nur zu leicht ergibt, ist daher weitgehend ausgeschlossen. Es handelt sich also um eine zeitgenössische Quelle zur Geschichte Turkestans zu Beginn des 20. Jahrhunderts.

Betrachtet man allein die Fülle und Vielfalt der geschilderten Ereignisse im Vergleich zu den auf Togan persönlich entfallenden Partien, so wird deutlich, daß das Werk keineswegs uneingeschränkt dem Bereich der autobiographischen oder Memoirenliteratur zuzuordnen ist. Auf der einen Seite wird umfangreiches Informationsmaterial geboten, das von konkreten Fakten und Daten bis hin zu aphoristischen Randbemerkungen reicht und - im weitesten Sinne - die Geschichte der zentralasiatischen Turkvölker betrifft. Demgegenüber steht eine relativ geringe Anzahl von Schilderungen, die einen Einblick in das Wesen und in die Persönlichkeit des Menschen Zeki Velidi Togan gewähren. Man gewinnt bei der Lektüre der Memoiren den Eindruck, als habe Togan mit der Niederschrift dieses Werkes in erster Linie die Absicht verfolgt, ein möglichst genaues und objektives Bild zur Zeitgeschichte Turkestans zu vermitteln (Interview Frage 7). Persönliche Gründe, die darauf abzielen, das eigene Denken und Handeln in ideologischer Weise zu motivieren, lassen sich kaum feststellen. Schließlich wäre es durchaus denkbar, daß Togan beabsichtigt hätte, durch die Betonung derartiger Gründe den Anteil an den nationalen Befreiungskämpfen Turkestans, der ihm zweifellos zukommt, besonders deutlich hervortreten zu lassen. Das ist ebensowenig der Fall wie etwa das Bemühen, die Richtigkeit seines Handelns

zu begründen. Mit einer Überzeugungskraft, wie sie sich
nur aus tiefgehenden Überlegungen und Nachforschungen ergeben haben kann, legt Togan an verschiedenen Stellen der
Memoiren seine Meinung und seine Ansichten zu Fragen dar,
die meist die Politik und gelegentlich auch die Religion
betreffen. Das geschieht häufig im Rahmen von Gesprächen,
also in Form der wörtlichen Rede, oder auch in Briefen
an politische Persönlichkeiten, Freunde und Angehörige[1].
Die Themen, die dabei zur Sprache kommen, behandelt er
durchweg nüchtern und sachlich. In der gleichen Weise sind
auch die meisten Berichte über eine große Anzahl von Kongressen, Tagungen und Besprechungen, an denen Togan teil-
nahm, dargestellt, sowie verschiedene andere Ereignisse,
z.B. militärische Aktionen und Reisen. Lediglich im ersten
Kapitel der Memoiren, in dem sich Togan seiner Kindheit und
Jugend in Baschkirien erinnert, kommt die tiefe Verbundenheit zum Ausdruck, die er seiner Heimat gegenüber empfindet
und die da und dort den Eindruck einer subjektiven Betrachtungsweise aufkommen läßt. Dennoch liefert aber gerade dieses Kapitel auch eine Fülle von Hinweisen, die ein gutes
Bild des Milieus ergeben, in dem Zeki Velidi aufwuchs.

Das Werk Togans erhält seinen Informationswert also zum
einen Teil durch jene Angaben, die als bereits bekannte
Fakten ihre Gültigkeit besitzen, noch mehr aber durch eine
Fülle bisher unbekannter Hinweise zur Geschichte Turkestans
zu Beginn des 20. Jahrhunderts. Das hohe Maß an Authenzität,
die das Werk zu einer historischen Quelle von Rang macht,
beruht im wesentlichen darauf, daß der Inhalt mit erkenn-
barem Bemühen um Objektivität dargestellt wird. Dieser Umstand ist nicht zuletzt darauf zurückzuführen, daß das Werk

---

1) Als wichtigste Beispiele hierzu seien genannt: Togans
Gespräch mit vier indischen Panislamisten (H 301 ff),
ein Gespräch mit Lenin (H 319 f), ein Brief an Lenin
(H 460-4), ein Gespräch mit Enver Paşa (H 386-92).

von einer Persönlichkeit verfaßt wurde, für die die Geschichtsschreibung zum Lebensinhalt geworden war.

Es liegen bisher keine Arbeiten vor, die das gesamte Leben Togans beschreiben. Lediglich in verschiedenen Zeitschriften wurden einige Abschnitte aus seinem Leben veröffentlicht. Zur Zeit wird an der Universität Erzurum an einer Gesamtbiographie gearbeitet, die im Sommer 1980 erscheinen und 680 Seiten umfassen soll (Interview Frage 17)[1]. Zeki Velidis Nachlaß befindet sich heute zum größten Teil in seinem Haus in Küçük Yalı, einem Vorort Istanbuls auf der asiatischen Seite des Marmara-Meeres. Der Nachlaß, darunter auch das gesamte Material zu den Memoiren sowie Zeki Velidis Korrespondenz, ist vollständig erhalten und bisher unangetastet geblieben, obwohl es verschiedentlich Bemühungen um eine Herausgabe gegeben hat. Nazmiye Togan, die Witwe Zeki Velidis, dachte eine Zeitlang daran, den Nachlaß dem Türk Tarih Kurumu zu überlassen, doch widersetzte sich ihr Sohn Sübidey diesem Gedanken mit dem Einwand, daß vielleicht eines Tages seine eigenen Kinder oder die seiner Schwester Isenbike, also Zeki Velidis Enkel, den Nachlaß bearbeiten würden. Bisher ist in dieser Angelegenheit noch keine endgültige Entscheidung gefallen. Nazmiye Togan sprach von ihrer Absicht im Dezember 1979 die Frage des Nachlasses zu klären (Interview Frage 16).

---

1) Nach brieflicher Mitteilung des Dozenten Dr. Kerim Yavuz wird von der Universität Erzurum eine Gedenkschrift für Zeki Velidi Togan vorbereitet. Sie wird - neben zahlreichen Beiträgen türkischer und nichttürkischer Autoren - eine Lebensbeschreibung, eine Bibliographie, ein Verzeichnis der nachgelassenen Forschungsarbeiten sowie unpublizierter Arbeiten Togans enthalten, letztere zu folgenden Themen: (a) Alp Arslans Eroberungen in Asien und im Südkaukasus, (b) die Heftaliten, (c) die Karaḫāniden, (d) Čingiz Ḫān und sein Geschlecht, (e) die Saker.

Wie oben erwähnt, gibt es keine umfassende Biographie Zeki Velidi Togans. Jedoch enthält die anläßlich seines 60. Geburtstages verfaßte Festschrift[1] wenigstens eine knappe Schilderung seines Lebenslaufes, die über den Zeitraum der Memoiren hinausgeht. Auf den 31 Seiten dieses Beitrages von Herbert Jansky bleiben tiefergehende Fragen, z.B. die nach Zeki Velidis Verhältnis zu den türkischen Regierungen und nach den Hintergründen des Prozesses von 1944, unberücksichtigt. Gerade diesen beiden Fragen kommt in Zeki Velidis Leben große Bedeutung zu. Denn die Entzweiung mit Atatürk veranlaßte ihn 1923, der Türkei den Rücken zu kehren und sich nach Europa zu wenden, und der Prozeß von 1944 hatte Zeki Velidis Verurteilung und seine Gefängnishaft von mehr als anderthalb Jahren zur Folge.

In Anbetracht ihrer besonderen Relevanz sollen diese beiden Fragen hier näher besprochen werden. Da aber die ihnen zugrundeliegenden Ereignisse zu einem umfangreichen Themenkomplex gehören, der sowohl türkische, das heißt kemalistische Staatspolitik als auch Fragen der panturkistischen Ideologie umfaßt, kann diese Betrachtung nicht den Anspruch auf Vollständigkeit erfüllen. Eine adäquate Untersuchung läge außerhalb des hier gesteckten Rahmens. Vielmehr soll die Betrachtung dieser beiden Fragen unter pragmatischen Gesichtspunkten erfolgen: Da sich ein großer Teil des Gesprächs mit Nazmiye Togan (s. Anlage) auf die Hintergründe dieser Ereignisse bezieht, erscheint es gerechtfertigt, auch hier wenigstens in bescheidenem Umfang darauf einzugehen. Unsere Darstellung beruht im wesentlichen auf den Aussagen Nazmiye Togans.

---

1) 60. Doğum Yılı Münasebetiyle Zeki Velidi Togan'a Armağan, Symbolae in Honorem Z.V. Togan, İstanbul 1950-1955. Daraus Jansky, "Ahmet Zeki Velidi Togan", S. XVII-XXXI.

Am 31. Juli 1925 traf Zeki Velidi das erste Mal mit Mustafa Kemal zusammen. Während seiner Lehrtätigkeit in Istanbul kam es zu weiteren Besuchen (H 615 f). Zeki Velidi hatte zeitweise sehr gute Beziehungen zu Mustafa Kemal, der ihn gelegentlich auch bei sich zu Tische einlud. Verschiedene Emigranten aus Rußland mißgönnten ihm dieses gute Einvernehmen, darunter auch Sadrî Maksudî Arsal[1].

Einmal forderte Mustafa Kemal Zeki Velidi während des Essens auf, der wissenschaftlichen Welt zu beweisen, der Grund für die Auswanderung der Türken von Zentralasien nach Anatolien sei die Austrocknung ihrer ursprünglichen Heimat gewesen. Zeki Velidi lehnte dieses Ansinnen ab, weil er eine derartige Aussage nicht machen könne. Sie lasse sich mit seinem Gewissen nicht vereinbaren, komme er doch selbst aus Zentralasien und wisse, daß seine Heimat nicht ausgetrocknet, sondern grün, so grün wie Bursa sei. Diese Stellungnahme nahmen seine Gegner zum Anlaß, um gegen ihn zu arbeiten. In einer Schrift mit dem Titel "Siebzehn Städte unter dem Sand und Sadrî Maksudî Bey"[2] wandte er sich gegen die Angriffe seines Hauptwidersachers und legte gleichzeitig auch dar, daß die Städte Zentralasiens keineswegs ausgetrocknet seien.

Zeki Velidi hatte große Achtung vor den Leistungen Mustafa Kemals. Er schätzte seine Politik und seine nationalistische Ideologie, seinen Turkismus. Hingegen mißbilligte er die rassistischen Tendenzen des Schädelvermessens (kafatasçılık), das von Leuten wie Şevket Aziz Kansu praktiziert wurde[3].

---

1) Sadrî Maksudî (1879-1957): Tatarischer Anwalt und Führer der muslimischen Fraktion der Duma. Siehe dazu Battal-Taymas, İki Maksudîler - Kişilikleri, fikir hayatları ve eserleri, İstanbul 1959.
2) Der türkische Titel lautet: Onyedi kumaltı şehri ve Sadrî Maksudî Bey. Uluçay-Dickson, "Published Writings", S. XXXIX Nr. 65: Togan hielt diesen Vortrag 1932 in Ankara im Rahmen des Geschichtskongresses.
3) Näheres s. Kansu, "Rassengeschichte der Türkei", Belleten XL (1976), S. 353-402.

Jansky äußert sich über die Konfrontation zwischen Zeki Velidi und der türkischen Regierung folgendermaßen: "Mit der Verleihung der Istanbuler Lehrkanzel schien das Leben Zeki Velidi Togans aus den Stürmen, die hinter ihm lagen, in ein ruhiges Fahrwasser hinüberzugleiten. Doch geriet Zeki Velidi Togan mit seinen Anschauungen in Grundfragen der Geschichte der Türken in Widerspruch zu denen von den offiziellen Stellen seines Landes vertretenen. Er zog daraus die Konsequenz und auf dem Kongress der Geschichtslehrer in Ankara, wo er Gelegenheit hat, seine Auffassungen klar darzulegen, erklärt er am 12. Juli 1932 seinen Rücktritt von der Lehrkanzel"[1]. Es scheint, daß Zeki Velidi die Person Mustafa Kemals nicht in diese Auseinandersetzungen einbeziehen wollte. Wenngleich die Entzweiung eine "persönliche Angelegenheit" war (Interview Frage 11), so spielten sicherlich auch geschichtsideologische Aspekte eine Rolle. Doch auf diesem Gebiet führte Togan die Argumentation offensichtlich allein gegen seine Gegner der eigenen Sparte, zu denen Personen wie der erwähnte Sadrî Maksudî gehörten. Diese Auseinandersetzungen führten schließlich soweit, daß sich Zeki Velidi nicht mehr in der Lage sah, weiterhin in der Türkei tätig zu sein. Daneben hatte er auch die Absicht, in Europa die Promotion zu erstreben (Interview Frage 12).

Hinsichtlich der Umstände, die 1944 zum Prozeß gegen Zeki Velidi Togan führten, verweist Jansky lediglich darauf, daß "auch Zeki Velidi nicht völlig unberührt vom Wellenschlag einer bis in ihre Grundtiefen aufgewühlten Zeit blieb. Aber diese Dinge sind nicht mehr als Episoden"[2].

---

1) Jansky, "Armağan", S. XXI.
2) Ib., S. XXIII.

Nazmiye Togan gibt zu diesen Ereignisse verschiedene Einzelheiten an (Interview Fragen 11 und 14)[1]. Demnach wandte sich 1944 ein Literaturlehrer namens Nihal Atsız[2] in einem offenen Brief an den damaligen Ministerpräsidenten, Şükrü Saracoğlu[3]. Dieser Brief mit dem Titel "Die Teufel unter uns" (İçimizdeki Şeytanlar) war an die Kommunisten in der Türkei gerichtet, von denen einige namentlich angegeben waren. Er bildete den Auftakt für eine Reihe von Razzien, Verhaftungen und Untersuchungen, hinter denen der Erziehungsminister Hasan Ali Yücel[4] und der Schriftsteller Falih Rıfkı Atay[5] zusammen mit anderen Schriftstellern

---

1) Es ist hier nicht der Ort, näher auf die von Nazmiye Togan gemachten Angaben über den Prozeß von 1944 einzugehen. Verschiedene Persönlichkeiten, Politiker und Intellektuelle, die zwar nicht Kommunisten genannt werden konnten, denen aber zumindest gewisse Sympathien für diese Ideologie nachgesagt wurden, fühlten sich von Atsız' offenem Brief betroffen und erwiderten dessen Angriffe. Der Vorfall weitete sich bald zu einem Politikum aus, das die Regierung veranlaßte, die Staatstreue verschiedener politisch und gesellschaftlich bedeutender Persönlichkeiten zu überprüfen, zu denen eben auch Leute wie Zeki Velidi Togan gehörten. Diese Maßnahme schien notwendig, besonders um der außenpolitischen Orientierung der Türkei willen, die seit Stalingrad stärker zu den Alliierten tendierte.

2) Karalioğlu, Edebiyat Sözlüğü, S. 72: Atsız, Nihal (geb. 1905 in Istanbul); Schriftsteller und Dichter, der u.a. folgende Zeitschriften herausbrachte: Atsız Mecmua, Orhun, Orkun, Ötüken. Atsız und die in den folgenden Anmerkungen bezeichneten Personen können als Turkisten bezeichnet werden.

3) Gövsa, Türk Meşhurları, S. 345 f.: Saracoğlu, Şükrü (geb. 1887); er war am nationalen Befreiungskampf der Türkei beteiligt. Damals war er in verschiedenen Ministerien tätig (Bildung, Finanzen, Außen-).

4) Karaalioğlu, Edebiyat Sözlüğü, S. 803: Yücel, Hasan Ali (1897-1961, geb. in Istanbul); Schriftsteller und Dichter. Daneben Abgeordneter und von 1938 an über sieben Jahre lang Bildungsminister.

5) Ib., S. 70 f.: Atay, Falih Rıfkı (geb. 1894 in Istanbul): Schriftsteller und Journalist. Von 1922 bis 1950 als Chefredakteur bei den Zeitschriften Hâkimiyet-i Milliye, Milliyet und Ulus. 1952 gründete er die Zeitschrift Dünya.

standen. Alle Personen, deren Verbindung zur panturkistischen Bewegung und zum Nationalismus bekannt war, wurden festgenommen. Im Verlauf dieser Aktion kamen auch drei Polizisten zum Hause Togans, die ein Schreiben des Staatsanwalts vorlegten, das sie ermächtigte, alle Bücher über Turkismus und Turanismus zu konfiszieren. Sie beschlagnahmten einen Teil der Bücher, die nicht wieder zurückgegeben wurden. Danach wurde Zeki Velidi festgenommen und mit der Beschuldigung, "eine geheime Verbindung zum Sturze der Regierung " gegründet zu haben, angeklagt (Hükümeti Devirmeye Mahsus Gizli Cemiyet). Diese Verbindung war jedoch, so Nazmiye Togan, willkürlich erfunden. Zeki Velidi hatte, nach Mitteilung seiner Witwe, lediglich beabsichtigt, eine Vereinigung aufzubauen, die die im Zweiten Weltkrieg in deutsche Gefangenschaft geratenen turkestanischen Soldaten mit Lebensmitteln, Schuhen und Kleidung versorgen sollte. Der Urteilsspruch des zuständigen Militärgerichts lautete zwar auf Freispruch von der Anklage des Turanismus und Rassismus, jedoch wurde Zeki Velidi wegen der genannten Anschuldigungen zu zehn Jahren schweren Kerkers (ağır hapis) und vierjähriger Verbannung (sürgün) nach Adapazarı verurteilt. Nach achtzehn Monaten und zehn Tagen im Gefängnis beschloß dieses Gericht (askerî mahkeme), ihn freizulassen, da sein Fall vom Zweiten Ausnahmegericht (İkinci Örfî İdare Mahkemesi) behandelt werden sollte. Dieses Gericht hob das vom Militärgericht gefällte Urteil auf und sprach Togan frei. Die Presseberichte, die damals über den Prozeß gegen Zeki Velidi erschienen, beruhten auf Weisungen der Regierung.

Weiterführende Untersuchungen auf diesem Gebiet überschreiten den Rahmen dieser Arbeit. Dazu müßten weitere Auskünfte von Nazmiye Togan und ihren Kindern, eventuell auch noch von lebenden anderen Gewährsleuten eingeholt und die entsprechenden Presseaussagen analysiert werden.

B   Der geistige Hintergrund Togans

I. Die Kontinuität in seiner geistigen Entwicklung

Togans Memoiren enden mit seiner Rückkehr in die Türkei im Frühjahr 1925. Nachdem er zu dieser Zeit 35 Jahre alt war, war das Bild seiner Persönlichkeit sicherlich weitgehend fertig gezeichnet. Dieses Bild setzte sich zum einen zusammen aus seinem fachlichen Wissen und zum anderen aus seiner Ideologie, seiner weltanschaulichen Konzeption, die durch die Erfahrungen aus der politischen Aktivität der vorhergegangenen Jahre vertieft und erhärtet worden war.

Die maßgeblichen, richtungsweisenden Konturen dieses Bildes waren jedoch schon wesentlich früher gezeichnet worden, wie Togan mit folgenden Worten kundtut: "Obwohl mir die Welt der Weiden von Ak-Bıyık, Alagoyanbaşı und Aliekber zusammen mit Küzen, das mein eigenes Dorf war, lieb und teuer war, so hielt ich sie doch wegen ihrer großen Rückständigkeit hinsichtlich ihrer materiellen Kultur für unbedeutend. Aber erst später konnte ich verstehen, daß die russischen Literaten Tolstoj[1] und Aksakov[2] durchaus Recht hatten, die baschkirische Lebensphilosophie in idealisierender Weise darzustellen. Die intellektuelle Schicht, die der geistige Führer dieser Welt (muhit) war, hatte mich mit der türkischen, arabischen und persischen Kultur und mit vielen westlichen und östlichen Denkern bekannt gemacht. Sie hatte mir eine ethische Lehre und ein politisches Ideal gegeben, die ich später nicht in der geringsten Weise zu revidieren hatte" (H 49).

---

1) Tolstoj, Lev Nikolaevič (1828-1910): Studierte in Kazan orientalische Sprachen. - Im Rahmen dieser Arbeit ist es nicht möglich, die Darstellung der baschkirischen Lebensphilosophie seinem 92-bändigen Gesamtwerk zu entnehmen.
2) Aksakov, Sergej Timofeevič (1791-1859): Er gehörte dem literarischen Kreis der "Archaisten" unter Admiral Šiškov an. Die Lebensphilosophie der Baschkiren kommt in seinen beiden Werken "Aufzeichnungen eines Jägers in Orenburg" (1852) und "Familienchronik" (1856) zum Ausdruck.

Welch große Bedeutung Togan seiner Kindheit und Jugend in
Baschkirien[1] hinsichtlich der Ausprägung seines geistigen
Hintergrunds beimißt, zeigt sich auch daraus, daß er diese
Feststellung in seinen Memoiren an das Ende des ersten
Hauptkapitels setzt, das er "meine Jugend" (gençliğim)
nennt (H 2). Ausgehend von dieser wichtigen Konklusion
können wir Togans Memoiren in drei Abschnitte teilen:
Der erste Abschnitt enthält Togans Kindheit und Jugend
in Baschkirien bis zum 29. Juni 1908, also bis zum Tag,
an dem er heimlich seine Eltern und seine Heimat verließ,
weil er zu der Meinung gekommen war, daß er "in den Dör-
fern Küzen und Ütek keinen Platz haben würde" (H 48).
Zu diesem Zeitpunkt bestand Togans kulturell-ideologi-
sches Weltbild in seinen Grundzügen bereits, wie obiges
Zitat beweist.

Der zweite Lebensabschnitt von 1908 bis 1916 zeigt die
Realisierung der Studien- und Forschungspläne, um derent-
willen Togan seine Heimat verlassen hatte. Er stellt also
eine logische und notwendige Konsequenz des ersten Abschnit-
tes dar.

Mit einer stetigen Zunahme der politischen Aktivitäten
auf Kosten der wissenschaftlichen Tätigkeiten geht der
zweite Teil über in einen dritten Abschnitt, der etwa
von 1916 bis 1924/25 reicht. Auch dieser Abschnitt ist
letztlich nur eine Konsequenz des ersten, in dem Togan
von einem "politischen Ideal" sprach, das er nun in den
Jahren vor und nach der Oktober-Revolution zu verwirklichen
trachtete. Zusammen mit der von Togan am Ende des ersten
Kapitels getroffenen Feststellung können zwei weitere Be-
merkungen zu Beginn desselben Kapitels herangezogen werden,
um mit diesen die Kontinuität in seinem Denken und Handeln
nachzuweisen, die für die in den Memoiren geschilderten Le-
bensjahre von maßgebender Bedeutung war. "Am Anfang meines

---

1) Togan, "Başkirt", IA II, S. 328-32.

Lebens war nicht vorauszusehen, daß ich - wie ich in
diesem Buch zeigen werde - der Führer großer politischer
Bewegungen des Urals und Zentralasiens im 20. Jahrhundert
und (der Führer) der Befreiungskriege einer überaus breiten Masse des türkischen Volkes werden würde und zum anderen einflußreicher Wortführer in der internationalen
Orientforschung werden würde"(H 2). "Das einfache, insgesamt als mittelalterlich zu bezeichnende Leben der
Baschkiren und Tataren (...) hätte auch mich (...) im
Zustand eines Menschen zurücklassen können, der als ruhiger und bescheidener Bauer sein Leben verbringt. Aber dennoch war unser Leben in den Bergen und auf den Almen, das
einen sehr geruhsamen Eindruck machte, von einer Art, die
- vor allem, was das bewußte Leben innerhalb seiner überlieferten Traditionen betraf, die ich in meiner Jugend
hörte und die in den Erinnerungen zum Ausdruck kommen -
all diejenigen, die dieser Welt (çevre) angehörten, in
alle möglichen Abenteuer stürzen würde und die das unablässige Verfolgen der gegenwärtigen und zukünftigen Pläne
der türkischen und islamischen Welt (Türk ve İslâm Âlemi)
hervorrufen würde. Wenn ich mir das überlege, dann kann
man mein Leben als eine logische Konsequenz dieser historischen Erinnerungen, die im Volk leben, betrachten..."
(H 2).

Faßt man die bisherigen Äußerungen zusammen, so zeigen
sich Kindheit und Jugend des Autors als ein Entwicklungsprozeß von bemerkenswerter Geradlinigkeit: Zu Ende des
19. Jahrhunderts wird Zeki Velidi Togan in einem baschkirischen Dorf im Süden des Ural-Gebirges geboren. Diese
Welt (çevre, muhit) ist geprägt von der Beschaulichkeit
und Geruhsamkeit eines ländlich-bäuerlichen Idylls auf
der einen Seite und einem innig der islamischen Religion
verbundenen Geschichts- und Traditionsbewußtsein, das tief
im Volk verwurzelt ist, auf der anderen Seite. Beide Komponenten ergeben zusammen das Milieu, in dem Togan aufwächst.

Der geistige Führer dieser Welt, dieses Milieus, wird
durch die intellektuelle Schicht verkörpert, der auch
Zeki Velidis Familie angehört. Damit sind die Voraussetzungen geschaffen, die zu jener Kontinuität in seinem Leben
führen: Das islamisch-traditionelle Element innerhalb
seiner heimatlichen Welt war so mächtig, daß es ihn -
"als eine logische Konsequenz dieser historischen Erinnerungen, die im Volk leben" - tatsächlich zu dem werden
ließ, was er eingangs erwähnte, nämlich zu einem Führer
der Unabhängigkeitsbestrebungen der muslimischen Türken
Rußlands und danach zu einer einflußreichen Persönlichkeit
in der Orientalistik.

Ausschlaggebend für diese Entwicklung war also das Milieu,
in dem Togan aufwuchs und das ihn prägte. Somit waren die
ersten achtzehn Jahre seines Lebens in Baschkirien die
Zeit, in der sich Togans Weltbild seiner Struktur nach
herauskristallisierte. All das, was er in den Jahren danach an Wissen und Erkenntnissen sammelte, bedeutete lediglich eine Konsolidierung desselben hinsichtlich seiner Tiefe und Breite; grundsätzliche Veränderungen ergaben sich
nicht mehr.

II. Seine Kindheit und Jugend in Baschkirien
Das Milieu als prägende Kraft

Wie bereits die im vorhergehenden Kapitel zitierten Äußerungen andeuten, bezog Togan die Vorstellung vom prägenden Charakter seines Milieus mit in seine Überlegungen
ein, als er später[1] in den Memoiren seine Kindheit und Jugend in Baschkirien rückschauend untersuchte.

---

1) Togan begann mit den ersten Arbeiten zur Niederschrift
seiner Memoiren im Frühjahr 1924 in Berlin (H 548).

Mehrere Jahre lang - etwa von 1918 bis 1922 - hatte Togan dank seiner Kontakte und Beziehungen zu Lenin und zu verschiedenen anderen bolschewikischen Politikern aus der Praxis des politischen Lebens fundierte Kenntnisse und wichtige Erfahrungen über Marxismus, Sozialismus und Kommunismus gesammelt. Die Ideologie des Marxismus war stark beeinflußt von der Philosophie Hegels, "in der der Gedanke eines Weltbildes oder einer 'Weltanschauung' einen breiten Raum einnimmt. Die Gedanken, die Menschen benutzen, um die Welt und sich selber in ihrer Beziehung dazu zu beschreiben, sind nicht angeboren und unveränderlich, sondern Erzeugnisse der menschlichen Beziehungen und der Geschichte"[1]. Hinsichtlich der Entstehung und Entwicklung seiner eigenen 'Weltanschauung' gehen Togans Gedanken hier im wesentlichen mit der marxistischen Geschichtstheorie, dem historischen Materialismus, konform, der zum Teil auf der "Milieutheorie" beruht[2]. Togan unterläßt es, diesen Gedanken in philosophisch-ideologisierender Weise nach seinem Zustandekommen, nach seinem Sinn und Inhalt zu durchleuchten. Vielmehr scheint er die Richtigkeit dieser Aussage aus einer intuitiven Überzeugung heraus anzunehmen. Wie die Schilderung seiner Kindheit und Jugend in Baschkirien zeigt, kommt es Togan darauf an, gerade durch eine detaillierte Analyse und Beschreibung seiner Umwelt, deren starken Einfluß und prägenden Charakter auf alle, die ihr angehörten, nachzuweisen. Diesen Charakter beschreibt er in idealisierender Weise: "Diese Welt hatte auch noch mehrere andere Tugenden aufzuweisen. Es war eine Welt, in der einer mit dem anderen in freundlicher Gesinnung verbunden war, die ehrerbietig, voller Entschlußkraft in jeder Angelegenheit, kraftvoll, aber dennoch maßvoll besonnen war und deren Mitglieder

---

1) Plamenatz, Ideologie, S. 42.
2) In diesem Zusammenhang sei auf die Einleitung von Marx', Zur Kritik der politischen Ökonomie, Berlin 1859, verwiesen.

alle ohne Ausnahme voller Begabungen steckten und der
Fanatismus, Alkoholsucht und jede Art Anomalie völlig
fern lagen. Die Welt, der ich entstammte, fügte niemandem
Schmerz zu und verletzte nicht die Gefühle der Menschen"
(H 98 f).

Das Milieu, in dem der junge Zeki Velidi heranwuchs,
setzte sich aus vier maßgebenden Faktoren zusammen: dem
Elternhaus, der Welt von Ütek (d.h. der Schule seines Onkels Habibnacar Satlıq, wo Zeki Velidi einige Jahre Unterricht erhielt), der Klasse der Molla und darüberhinaus
aus Volksbräuchen der ländlichen Kultur und des Islams.
Die ersten drei Gruppen traten einmal als Vermittler von
fachlichem Wissen und zugleich als prägender Faktor für
Togans Weltbild in Erscheinung. Die tief im Volk verwur-
zelten Traditionen - zum Ausdruck gebracht in Brauchtum,
Epen und Gedichten - führten zu einer Vertiefung dieses
kulturell-ideologischen Weltbildes.

1) Das Elternhaus

Der Name Togan geht zurück auf Zeki Velidis fünften Ahn
İştogan[1], der von den Küzenoğulları abstammte (H 5).
Schon zur Zeit seines Urgroßvaters Velid Bey, in der
ersten Hälfte des 19. Jahrhunderts, war das Haus der Familie zentraler Versammlungsort der Honoratioren der umliegenden Region gewesen, in dem bei Sitzungen und öffentlichen Banketten der baschkirische Kantonspräsident, russische Generäle, Gouverneure, Großmolla (büyük molla)
und Scheiche zusammenkamen (H 8). Die Familie Togan gehörte der bäuerlichen Oberschicht an, einer intellektuellen Schicht, die sich aus Familien von Lehrern und

---

1) Zur Schreibweise des Namens und zum Geburtsdatum Zeki
   Velidis s. Interview Fragen 3 und 4.

Geistlichen, aus Angehörigen von Derwischorden - Molla[1] - und Dichtern zusammensetzte.

Zeki Velidis Vater, Ahmedşah, geboren 1860, war Lehrer und Imam im Dorf Küzen[2] im Kanton Sterlitamak (İsterlitamaq)[3]. Seine Schulausbildung hatte er an der Medrese der Nogayoğulları in der gleichnamigen Hauptstadt dieses Kantons erhalten. Die Nogayoğulları, die wichtige Beziehungen zu verschiedenen Persönlichkeiten aus Politik und Wissenschaft unterhielten, beeinflußten auch Togans Familie stark[4]. Ahmedşah hatte sich während seiner Militärzeit offensichtlich recht gute Kenntnisse der arabischen und persischen Sprache angeeignet, die er seinem Sohn bereits im frühen Alter von sechs bis sieben Jahren vermittelte. Die Moscheeschule (medrese) des Vaters bestand aus vier Gebäuden[5], in

---

1) Der Begriff findet bei Togan weitläufige Verwendung: So tragen Lehrer, Geistliche (Imame), Gelehrte und Angehörige eines Derwischordens diese Bezeichnung. Nicht selten finden sich die drei Berufe - bzw. Attribute - des Lehrers, des Geistlichen und des Derwischs in einer Person vereint, wie es bei Zeki Velidis Vater Ahmedşah und seinem Onkel Habibnacar der Fall war; beide wurden mit Molla angeredet (H 17, H 21). Eine genaue Klassifizierung läßt sich den Hâtıralar nicht entnehmen, doch scheint Togan die Bezeichnung Molla in erster Linie als Titel für Angehörige von Derwischorden zu verwenden und erst danach als Berufsbezeichnung für Lehrer und Geistliche.

2) Zur Schreibweise vgl. Jansky, "Armağan", S. XXII: Küśän.

3) Die Stadt gleichen Namens liegt heute 120 km südlich von Ufa (s. Karte).

4) Die Nogayoğulları zählten sich zu den Abkömmlingen der Nogay Oybaktı Mirza, die von der Halbinsel Krim stammten.

5) H 23: Die beiden differierenden Hinweise auf die Schule des Vaters lassen vermuten, daß Ahmedşahs Medrese zusammen mit verschiedenen anderen, durch russischen Einfluß hervorgerufenen Akkulturationen zu Ende des 19. Jahrhunderts vergrößert worden war.

denen 150 bis 200 Schüler unterrichtet wurden, von denen
die meisten den Berg-Baschkiren (dağ Başkurtları) angehörten. Der Unterricht fand während der Herbst- und Wintermonate über einen Zeitraum von vier Monaten statt. Danach,
vor Einsetzen der Schneeschmelze, kehrten die Schüler in
ihre oft entlegenen Dörfer zurück, um, wie auch Zeki Velidi, in der Landwirtschaft mitzuhelfen. Togan schildert
seinen Vater als einen herzlichen und offenen Menschen,
der sich als Lehrer sowohl seinen Schülern, als auch seinen Söhnen gegenüber zwar autoritär, aber dennoch als ein
Freund und aufrechter Vater zeigte. Im Umgang mit seinen
Angehörigen und auch dem Gesinde gegenüber war er sehr
streng, verhielt sich aber tolerant und nachsichtig, wenn -
wie z.B. beim acı bal meclisi[1] - sich Leute in seiner Umgebung weniger genau an die Gebote der šarīʿa hielten.
Er selbst richtete sich so sehr danach, daß er niemals
alkoholische Getränke zu sich nahm und stets auf die Er-
füllung der täglichen Gebetspflichten (namaz kılmak) bedacht war. Abgesehen von seiner orthodoxen Lebensweise,
die im Einklang mit seinem Imamat stand, gehörte er auch
dem Derwischorden der Naqšbandīya (Nakşibendî, Nakşbendî)
an (H 13).

Ahmedşah war ein konservativer Mann, der unverbrüchlich
an den überlieferten Sitten und Bräuchen hing. Sein Ge-
hilfe Keşşaf Molla bezeichnete ihn als den Molla, der dem
'zakon' der šarīʿa gegenüber den Vorzug gab, wobei er mit
'zakon', eigentlich das offizielle russische Recht, die
Bräuche der Baschkiren meinte, die der šarīʿa nur wenig
entsprachen (H 21).

Für Ahmedşahs Islamverständnis war al-Ġazālī von großer
Bedeutung, aus dessen "Wiederbelebung der Religionswissen-
schaften" (Iḥyāʾ ʿulūm ad-dīn bzw. Din ilimlerini diriltme)
er häufig voller Begeisterung in seinen Predigten zitierte.

---

1) S. unter "Ländliches Leben und Volksbräuche", S. 43 f.

Auch war es sein Wunsch, im selben Lebensalter wie al-
Ġazālī - und auch wie der Prophet - zu sterben, nämlich
mit 63 Jahren (H 20). Auch in Fragen der Naturwissenschaften orientierte sich Ahmedşah an al-Ġazālīs Weltbild. Dies
betraf vor allem Mathematik und Astronomie[1]. Er glaubte
zwar daran, daß die Erde rund sei, daß der Mond kleiner
als die Erde und dieser nah, die Sonne größer als die
Erde und dieser fern sei. Er wußte auch über Sonnen- und
Mondfinsternis Bescheid - ging also insoweit mit dem Kep-
lerschen Weltbild konform - aber gemäß al-Ġazālīs geozen-
trischer, von Ptolemäus übernommener Vorstellung, glaubte
er nicht an die Eigenrotation der Erde.

Zeki Velidis Vater erhielt regelmäßig die Zeitschrift
Tercüman des krimtatarischen Literaten İsmail Bey Gasprinsky[2], doch las er hieraus nur die wichtigen Schlagzeilen
und bebilderte Anzeigen. Artikel, in denen die geistigen
Strömungen der damaligen Zeit behandelt wurden, blieben
ihm meist mehr oder weniger unverständlich.

Zeki Velidis Mutter Ummulhayat stammte aus Ütek, einem
Dorf, dessen Einwohnerschaft aus Baschkiren und Tataren
bestand und das fünfzehn Kilometer südlich von Küzen lag.
Ihr Vater, Satlıqoğlu Kâfi, der Imam des Dorfes war, hatte sich längere Zeit in Buchara und Chiwa aufgehalten
und verfügte - wie auch seine Tochter - über sehr gute
Kenntnisse der persischen Sprache (H 12). Als Ummulhayat
durch die Heirat mit Ahmedşah nach Küzen gelangte, kam
es durch sie zu einer Wiederbelebung der persischen Kultur
im Ort, in dem diese früher stärker vertreten gewesen war.
Darüberhinaus brachte diese Verbindung auch auf geistigem
Gebiet Neuerungen nach Küzen: Ütek stand offensichtlich

---

1) Watt, The Faith and Practice of Al-Ghazali, S. 33 ff.
2) Togan, "Gaspralı (Gasprinski) İsmāʿīl", EI (2) II, S. 979-
81. Seydahmet, Gaspıralı İsmail Bey (Dilde, Fikirde,
işte Birlik), İstanbul 1934.

auf einem höheren intellektuellen Niveau oder war zumindest fortschrittlicher und moderner als Küzen, wie Togan später am Beispiel seines Onkels Habibnacar Satlıq zeigt. Ütek war von den geistigen Strömungen eines "modernen Islamverständnisses" (İslâmiyetin "modern" anlayışı, H 11), die von Şehabeddin Mercani[1] aus Kazan ausgegangen waren, nicht unberührt geblieben. Daher wurde auch Ahmedşah durch seine Heirat und dem "Eintreten in eine andere Umwelt" mit diesen Ideen konfrontiert.

Die Mutter machte ihren Sohn Zeki Velidi mit der persischen Sprache und Kultur vertraut, wobei sie ihm auch eine große Anzahl von Gedichten, sowohl in Persisch als auch in Türkisch vortrug, die er auswendig lernte. Als Togan 1917 in Orenburg von den Russen und 1944 von den Türken unter İsmet İnönü inhaftiert worden und im Gefängnis jeglicher Lektüre beraubt war, wurde ihm in stiller Rezitation dieser Gedichte bewußt, welch große Kraft und Lebenshilfe sie ihm gaben (H 24). Gleichzeitig lernte er erst auf diese Weise den großen Einfluß einzuschätzen, den seine Mutter - mehr als der Vater - während seiner Kindheit auf ihn gehabt hatte. Ein großer Teil dieser Gedichte (sufiyane şiirler) und zikir-Sprüche, die vorwiegend von ʿAṭṭār, Ǧalāl ad-dīn Rūmī, ʿAlī Šīr Nevāʾī, Yesevī und Ṣūfī Allāh-Yār[2] stammten, vermittelte Ratschläge, Gebote und Lebensregeln moralischer und ethischer Natur, doch befanden sich auch Gedichte darunter, die sie ihm - ungeachtet des Inhalts - vor allem um der Schönheit des lyrischen Ausdrucks willen beigebracht hatte. Derartige Gedichte waren unter den Türken des 19. Jahrhunderts weit

---

1) Zu Şehabeddin Mercani (1815-89) s. Battal-Taymas, "Die moderne kazantürkische und baschkirische Literatur", HO erste Abt. Bd V (1963), S. 430 f.

2) Nähere Angaben zum Leben und Werk dieser Mystiker s. Trimingham, The Sufi Orders in Islam, Oxford 1971.

verbreitet. - Als Togan später einmal mit Muḥammad Riżā Schah zusammentraf[1], wurde er nach der Herkunft seiner Persischkenntnisse gefragt. Diesem war nämlich aufgefallen, daß sich Togans Aussprache des Persischen von dem tadschikischen Dialekt, der in der Region von Buchara gesprochen wurde[2], unterschied. Togan vermutete infolgedessen, daß es sich bei dem Persisch seiner Mutter, das sie ihn gelehrt hatte, um literarisches Persisch (edebî farsça) handelte, wie es die Küzenogulları und die Satlıqogulları[3] von den Daghestan-Lehrmeistern[4] (Daġıstanlı üstadlar) übernommen hatten, die bis ins 18. Jahrhundert hinein gelehrt hatten.

2) Die Welt von Ütek

In den Jahren von 1901 bis 1908 hielt sich Zeki Velidi jeweils während der Wintermonate an der Medrese seines Onkels Habibnacar Satlıq in Ütek auf, wo er seine weitere Schulausbildung erhielt.

Togan charakterisiert das Milieu von Ütek, die Umwelt seines Onkels, als völlig verschieden vom heimatlichen Küzen, der Umwelt seines Vaters. Letztere bezeichnet er, obwohl ihr jeglicher Fanatismus (taassup) fernlag, als "konservativ" (muhafazakâr), wohingegen ihm die Umwelt des Onkels als "aufgeklärt" (münevver) und "fortschrittsfreund-

---

1) H 25: Togan spricht vom Schah im pluralis majestatis.
2) Barthold, "Tādjīkī", EI IV, S. 684. Gabain, "Die zentralasiatischen Turksprachen", HO erste Abt. Bd V (1963), S. 139.
3) Von diesen beiden Sippen stammten Zeki Velidis Vater und Mutter ab.
4) Ahmedşah hatte sich nach Ablauf seiner Militärzeit noch ein Jahr in Daghestan aufgehalten, um dort Arabisch zu lernen, das zu Beginn des 19. Jahrhunderts in jener Gegend von Naqšbandīya-Derwischen verbreitet wurde. S. Barthold, "Daghestan", EI I, S. 924-9.

lich" (terakkiperver) erschien. In dieser Hinsicht fühlte
er sich mehr dem Onkel als seinem Vater verbunden[1].

Habibnacar war der Älteste von fünf Söhnen des Kâfi Satlıq, die - ebenso wie ihr Vater - alle Imame waren.
Vom Sohn des Koçkaroğlu Emirhan, einem reichen Kaufmann,
wurde er nach Kazan an die Medrese des Şehabeddin Mercani
gesandt, wo er studierte. Später wurde er Assistent (müderris muavini) und Stellvertreter (halife) Mercanis an
dessen Moscheehochschule (H 19), wo er zusammen mit zwei
anderen Assistenten namens Abbas und Sadri bald zu einem
Renommee ganz besonderer Art gelangte, das sogar bis nach
Istanbul bekannt wurde:

"Wohl waren Nacar, Abbas und auch Sadri noch Schüler,
aber bei Musik und Tanz,
da haben sie Erfolge aufzuweisen
und Augen nur für Mädchen"[2].

Obwohl Habibnacar in seinem Dorf als Imam und Scheich eine
angesehene Stellung innehatte, blieb sein Leben für Zeki
Velidi, der monatelang unter dem Dach seines Onkels wohnte,
ein Rätsel. Das war vor allem auf den starken Alkoholkonsum
des Onkels zurückzuführen, den Zeki Velidi zu jener Zeit
offensichtlich mißbilligte. Erst über ein Jahrzehnt später
erhielt Togan ein genaueres Bild von seinem Onkel. Im September 1919 kam es anläßlich von Togans Verheiratung in
Sterlitamak zu einem festlichen Zusammensein von verschiedenen Angehörigen und Verwandten, unter denen sich auch
Habibnacar befand. Im Verlauf des Abends, als sehr guter

---

1) "Böylece babamın önce mensup olduğu muhit...fazla muha-
fazakârdı" (H 20). Aus diesem Milieuvergleich geht hervor, daß Ahmedşah durch die Konfrontation mit der "Welt
von Ütek" - repräsentiert von seiner Frau Ummulhayat
und deren Bruder Habibnacar Satlıq - von dieser nicht
unbeeinflußt geblieben war, sondern sich auch in seiner
eigenen Welt gewisse Änderungen vollzogen hatten, wobei
jedoch offensichtlich das im Übermaß vorhandene konserva-
tive Element bestehen blieb.

2) H 20: Neccar Abbas hem Sadri/kendileri talebe imiş ama/
cümbüşte başarı gösterirler/ gözleri de kızlarda.

Wein kredenzt wird, schien es, als werde der Onkel - ein
arabisches Gedicht gleichsam als Trinkspruch zitierend -
dem Alkohol kräftig zusprechen (H 272). Aber am nächsten
Tag erfuhr Togan, daß der Onkel seinen Wein heimlich in
ein anderes Glas umgefüllt und dieses auf die Seite ge-
stellt hatte. Später fragte er ihn dann, was es nun denn
mit jenen zweifelhaften, skandalumwitterten Gerüchten auf
sich gehabt habe. Habibnacar erklärte, daß die damaligen
Vergnügungen in Kazan durchaus im Rahmen des Üblichen
lagen, daß jedoch die Molla, die Mercani feindlich ge-
sinnt waren, danach getrachtet hätten, ihn und seine Freunde in Verruf zu bringen, um sich dadurch an ihrem Meister
zu rächen

Die drei schrieben freie Kommentare zu Mercanis fortschrittlichen Gedanken. Da sie sich dabei der arabischen Schrift
bedienten, erregten sie den Zorn ihrer Gegner, die sie der
Gotteslästerung (küfür) anklagten, so daß es zu offenen
Auseinandersetzungen und sogar zu Schlägereien kam (H 274)[1].

Habibnacar wußte um die politischen Verhältnisse seiner
Zeit. Er las regelmäßig den Tercüman Ismail Gasprinskys,
und zwar schon von seinem Erscheinen 1883 an. Daneben ließ
er sich die neuesten Publikationen aus der Türkei schicken,
die auch von Zeki Velidi mit Interesse gelesen wurden[2].
Sein kosmologisches Weltbild stützte sich auf Übersetzungen der Hauptwerke Camille Flammarions (1824-1925) über
Astronomie (heyet). Auch seine Kenntnisse über Mathematik
(riyaziyat, riyaziye) entsprachen dem Niveau der damaligen
Zeit (H 19). Auf wissenschaftlichem und historischem Gebiet befaßte er sich vorwiegend mit islamischer Geschichte,

---

1) Zenkovsky, Panturkism, S. 53: Die fortschrittfeindlichen
Molla betrachteten Arabisch als eine Sprache, deren Ge-
brauch nur im Rahmen der islamischen Religion zulässig
war.
2) Hierzu gehörten Werke von Ernest Renan, J.W. Draper,
Schopenhauer, Muḥammad ʿAbduh und Ferit Vecdi.

islamischer Metaphysik, Philosophie und Ethik, wobei er
diesbezüglich zu den bekanntesten Werken seiner Bibliothek
Kommentare und Erläuterungen (şerh) verfaßte. Daneben ergänzte er sie durch Randbemerkungen (haşiye), Korrekturen
und schrieb Biographien der Autoren dieser Werke[1].

Habibnacars Medrese in Ütek bestand aus sieben Gebäuden,
in denen mehr als 300 Schüler Unterricht erhielten. Der
Unterricht dauerte hier länger als an Ahmedşahs Medrese,
nämlich sechs bis sieben Monate im Jahr, also bis in den
Sommer hinein. Zeki Velidi jedoch wurde bereits Mitte
März von seinem Vater nach Küzen zurückgerufen, weil dort
seine Mithilfe in der Landwirtschaft vonnöten war.

Da Habibnacar in den Jahren, als sich Zeki Velidi bei
ihm aufhielt, selbst noch kinderlos war, widmete er sich
der Ausbildung seines Neffen mit besonderer Sorgfalt, so
daß er ihm des öfteren privaten Einzelunterricht erteilte.
Sein Schüler legte in dieser Zeit besonderes Gewicht auf
islamische Theologie, Arabistik, Geschichte, Geographie
und Mathematik[2]. Der Onkel hielt es für sehr wichtig,
daß sich Zeki Velidi mit arabischer Rhetorik und Stilistik
und mit den Biographien (hal tercümeleri) von Wissenschaftlern und berühmten Persönlichkeiten befaßte. So
gab er ihm die Biographien von Ibn Ḥallikān, Ṭāşköpri-
zāde und dem Inder M. ʿAbdalḥaiy al-Laknawī zu lesen.
Besonderen Gefallen fand Zeki Velidi daran, die arabische
Übersetzung des Werkes "Reşahat"[3], die Murad Remzi, ein
Freund seines Vaters, angefertigt und veröffentlicht hatte, mit dem persischen Originaltext zu vergleichen. Keinen

---

1) Jansky, "Armağan", S. XVII: Er war der Verfasser einer
Geschichte des Islams (Miftāḥ at-tavārīḫ) und eines arabischen Kommentars zu Hikmat al-ʿayn (Metaphysik und Physik) von Naǧm al-Kātibī, hat auch al-Qalyūbīs Nawādir ins
Türkische übersetzt...".
2) Ib., S. XVII.
3) Nähere Angaben hierzu s. weiter unten "Die Klasse der
Molla", S. 37.

Wert legte der Onkel auf das Studium des islamischen Rechts und der islamischen Theologie[1], insbesondere des Koranstudiums, da er der Meinung war, Zeki Velidi könne sich die Kenntnisse dieser Wissenschaften nach dem Erlernen des Arabischen selbst aneignen. Doch auch dieser fühlte sich zu diesen beiden Disziplinen nur wenig hingezogen und hielt sich deshalb fern davon. Hingegen war es ein Werk des (türkei-) türkischen Politikers und Wissenschaftlers Mehmed Arif Bey mit dem Titel "1001 Ḥadīte" ("Bin bir hadis"), dem Togan große Wichtigkeit beimaß und aus dem ihn ein Ḥadīt besonders beeindruckte: "Oh Gott, vor nutzloser Wissenschaft, vor der Tat, die nicht anerkennenswert ist, wie auch vor dem nicht anerkennenswerten Gottesdienst flüchte ich mich hin zu dir"[2]. Darauf bezugnehmend betrachtete Mehmed Arif Bey nutzlose Wissenschaften als überflüssig, wie die Scholastik (skolastik), die Logik (mantık) und das Koranstudium (kelâm), das zum Unheil der islamischen Völker ausgeschlagen sei[3].

In dieser Zeit begann Zeki Velidi mit dem Erlernen der russischen Sprache. In Zusammenarbeit mit einem bekannten Schneider, der gute Russischkenntnisse besaß, übersetzte er von den Werken Puschkins "Die Geschichte des Pugatschewschen Aufstandes" (Pugaçov ihtilâli tarihi)[4] und Schriften zur Familiengeschichte Puschkins mit dem Titel "Der Araber Peters des Großen" (Büyük Petro'nun Arabı)[5] ins Tschagataitürkische, das zu jener Zeit Lite-

---

1) Lt. Jansky, Armağan, S. XVII, legte Zeki Velidi "besonderes Gewicht auf islamische Theologie".

2) H 28: "Ya Rabbi, faydasız ilimden ve makbul olmıyacak amel ve ibadetten sana sığınıyorum".

3) Togan behandelt dieses Thema später selbst ausführlicher in den Kapiteln "İslâm milletlerin ve Türklerin tarihte gerilmelerinin sebeplerini öğrenişim" (H 78 f). und "İbn Haldun'un felsefesini öğrenişim" (H 122 f).

4) Puškin, Aleksandr Sergeevič (1799-1847). Gesamtausgabe in zehn Bänden. Istorija Pugačeva, "Die Geschichte Pugatschews", Bd VIII, S. 149-593. Zur Geschichte dieses Aufstandes s. Findeisen, Rudenko, S. 25, Hayit, Turkestan, S. 55, Zenkovsky, Panturkism, S. 16 f.

5) Ib., Arap Petra Velikogo, "Der Mohr Peters des Großen", Bd VI, S. 7-57.

ratursprache war[1]. Neben diese Tätigkeit trat die Lektüre einer Reihe weiterer wichtiger Werke von Cevdet Paşa[2], Mehmed Arif Bey[3], Yadrintsev[4] und das Schreiben eines Amerikaners an den ägyptischen Chediven Tevfik Paşa[5]. Sodann übersetzte er im Winter 1907/08 das 1300 Seiten umfassende Werk Murad Remzis über die Geschichte der Kazantürken und der muslimischen Russen. Während dieser Zeit befand sich Ahmedşah auf dem ḥaǧǧ, so daß sein Sohn zusammen mit einem Stellvertreter den Unterricht in der Medrese übernahm. Zeki Velidi nutzte die Gelegenheit, um in einer Ecke der Schule eine "Volksbibliothek" (Halk Kütüphanesi) zu eröffnen. Er sorgte für den Bezug verschiedener Zeitungen[6], die er zum Teil gratis erhielt, da er ihnen selbst Nachrichten zugesandt hatte. Um Bücher zu beziehen, nahm er Verbindung mit den Bücherläden Srednija Asia in Taschkent und Şark in Orsk auf. Letzterer gehörte einem Intellektuellen namens Ahmet İshaki, dessen Vater mit Ahmedşah befreundet war (H 45). Mit dessen Hilfe bezog Togan neben modernen Publikationen aus Ägypten und der Türkei und russischen Veröffentlichungen über den Islam auch die Zeitschrift Malumat aus Istanbul. Ebenso erhielt er das Werk Muntaḫabāt al-luzūmīyāt des arabischen Dichters und Philosophen Abū l-ʿAlā' al-Maʿarrī[7], dessen freie

---

1) Eckmann, "Das Tschaghataische", PTF I, S. 138.
2) A. Cevdet Paşa: Tezâkir. Cavid Baysun, Ankara 1953, (über den türkisch-russischen Krieg von 1877/78).
3) Mehmed Arif Bey: Başımıza Gelenler. İstanbul 1974. Vorwort von Alparslan Türkeş (über den türkisch-russischen Krieg von 1877/78).
4) Lt. Togan, S. 38 f war Yadrintsev der Entdecker der alt-(kök-) türkischen Orchon-Sprachdenkmäler. Togan las von ihm zwei russische Werke über nichtrussische Völker in Sibirien.
5) Dieses Schreiben enthält eine Anklage der englischen Kolonialherrschaft in Ägypten (weitere Angaben fehlen).
6) Togan bezog folgende Zeitschriften (H 44): aus Petersburg Ülfet und et-Telmiz (arab.), aus Kazan Beyan ül-Haq und Yulduz, aus Orenburg Vaqit, aus Astrachan Edil, aus Baku İrşad und Füyuzat. Daneben russische Zeitungen wie Bercevije Vedomosti und Niva.

(serbest) Gedanken - insbesondere über die Religion -
ihn entzückten und dessen Dichtung er als ein Meisterstück der arabischen Literatur betrachtete (H 47).

Hinsichtlich der Ausbildung seines Weltbildes und seines geistigen Hintergrundes waren die Jahre von 1906 bis 1908 für Togan von größter Bedeutung, denn in dieser Zeit vollzog sich bei ihm die geistige Entwicklung, an deren Ende der Entschluß stand, die "Welt von Küzen und Ütek" zu verlassen, um sein Wissen anderswo zu erweitern und zu vertiefen: "Die Zeitungen, Zeitschriften und Bücher, die ich für die Volksbibliothek habe kommen lassen, die Werke, die ich gelesen und erklärt habe und dazu die Gespräche, die ich mit meinem Vater und meinem Onkel darüber in den Jahren von 1906 bis 1908 führte, haben mir mit sechzehn Jahren eine Art "Weltanschauung" vermittelt (...bana bir nevi "Weltanschauung" vermişti, H 47).

3) Die Klasse der Molla

Die Klasse der Molla (mollalar zümresi)[1] war diejenige soziale Schicht, mit der die Familie Togan am engsten verbunden war (H 10). Vor allem im ersten Kapitel seiner Memoiren erwähnt Togan mehr als ein Dutzend Molla, die zum Kreis der Freunde, Bekannten und Verwandten der Familie gehörten. Das Bild, das Togan von dieser Klasse entstehen läßt, ist keineswegs homogen, sondern weist verschiedene Unklarheiten und Divergenzen auf. Soweit die aufgeführten Mollas Ordensmänner waren, gehörten sie weder alle ein und demselben Orden (tarikat) an, noch vertraten sie in ihren Orden jeweils die gleichen Auffas-

---

7) S. Brockelmann, S I, S. 449.

1) Es kann hier nicht von einer Klasse im soziologischen Sinn gesprochen werden, d.h. von einer Klasse, die Merkmale wie Klassenideologie und Klassenbewußtsein aufweise. Die Molla stellen bei Togan lediglich eine soziale Gruppe dar, deren wichtigste Gemeinsamkeit ihr Mollatum (mollalık oder mevleviyet) ist.

fassungen hinsichtlich der Ausübung ihrer Andachtsrituale (zikir) oder der Einhaltung der šarī'a.

In Zeki Velidis Heimat und in großen Teilen des von Muslimen bewohnten Zentralasiens war die Naqšbandīya[1] (Nakşibendî) der Derwischorden mit der größten Anhängerschaft und dem stärksten Einfluß auf die Bevölkerung. Die meisten der von Togan beschriebenen Molla gehörten diesem Orden an. Die Orden, denen die übrigen Molla angehörten, die Yesevī und die Naqšbandīya-Ḫālidīya, stammten beide von der Naqšbandīya ab, so daß man durchaus von einer starken geistigen Verwandtschaft aller Molla sprechen kann. Das geht auch aus Togans Darstellungen hervor. Betrachtet man die silsila des Naqšbandīya-Ordens, so zeigt sich, daß diese in der Nachfolge des Propheten auf Abū Bakr zurückgeht, wohingegen sich die meisten anderen Ṣūfīorden auf Ali berufen[2]. Diese Abstammung verleiht dem Orden eine weitaus mehr sunnitisch-orthodoxe als eine schi'itische Prägung[3].

Der größte Teil der Molla, mit denen Togans Familie in Verbindung stand, gehörte dem Naqšbandīya-Orden von Buchara an[4]. Dem zunehmendem Einfluß dieses Ordens war es zuzuschreiben, daß Buchara gegen Ende des 14. Jahrhunderts zum religiösen Zentrum Zentralasiens aufgestiegen war und diese Position über ein halbes Jahrtausend innehatte[5]. Diesem Hauptordenszweig zugehörig waren Zeki Velidis Vater Ahmedşah und sein Onkel Habibnacar Satlıq und Veli Molla. Diese Männer unterhielten ebenso wie auch ihre Scheichs Lehrhäuser (madrasa), die in der Art der Moschee-

---

1) Yazıcı, "Nakşbend", İA IX, S. 52-4.
2) Algar, The Naqshbandī Order, S. 128.
3) Ib., S. 129: Dennoch wird die Schī'a nicht völlig ausgeschlossen, denn die silsila der Naqšbandīya enthält auch den sechsten Imam, Ǧa'far aṣ-Ṣādiq.
4) Togan bezeichnet sie als "Buhara Hive tipi mollalar": Hive=Harizm=Chorasan.
5) Algar, The Naqshbandī Order, S. 136.

hochschulen Chorasans errichtet waren. Sie beherrschten
die arabische und die persische Sprache, waren vertraut
mit der Religionswissenschaft und aufgeschlossen gegenüber den politischen Ereignissen ihrer Zeit[1]. Sie hielten Abstand von denjenigen Molla unter ihnen, die eine
fanatische Gesinnung zeigten (H 10).

Nach Togans Schilderung war ein großer Teil der Molla mit
dem Amt des Imam betraut; somit waren sie ʿulamā'. Die religiösen Vorschriften des Islam wurden in weiten Kreisen
der Bevölkerung vernachlässigt. Zeki Velidis Vater war
einer der wenigen, die sich zeitlebens genau danach richteten. Eine besondere Rolle spielte dabei das Alkoholver-
bot[2]. Bereits die Lehrmeister (hocalar) von Zeki Velidis
Vater und Oheim waren, obwohl selbst ʿulamā', dem Alkohol
verfallen (içki müptelâsı idiler, H 5). An anderer Stelle,
anläßlich eines Treffens mit seinen Angehörigen und einigen Verwandten um das Jahr 1907, bringt Togan die enge
Verflechtung zum Ausdruck, die nach seiner Auffassung
zwischen dem Alkoholgenuß und der geistig-seelischen Er-
bauung, also der Gebetsandacht, besteht, gleichsam als
Parallelismus zwischen überliefertem Brauchtum und religiöser Tradition. Er charakterisiert diese Zusammenkunft:
"Wir beteten überreichlich und tranken viel Kumyß" (..bol
bol namaz kıldık, çok kımız içtik, H 178). Doch auch bei
größeren Feierlichkeiten, die einen ausgesprochen religiösen Charakter trugen, gehörte der Genuß des leicht alko-
holischen Kumyß' zum Usus. Anläßlich der Einweihung einer
neuerbauten Moschee in der tatarischen Kleinstadt Meleviz,

---

1) Diese aufgeschlossene Haltung beruhte auch auf Tradition: Zu Ende des 14. Jahrhunderts begann der Orden nicht
nur seine religiöse, sondern auch seine politische, soziale und sogar seine wirtschaftliche Position innerhalb
Transoxaniens zu stärken, die er bis zur Unterwerfung
durch die Russen im 19. und 20. Jahrhundert aufrechter-
hielt. S. Algar, The Naqshbandī Order, S. 137.
2) Vgl. auch "Ländliches Leben und Volksbräuche", S. 43.

wohin Zeki Velidi im Juli 1908 nach dem Verlassen seines
Heimatdorfes gekommen war, hatte sich eine große Anzahl
von Imamen und Molla eingefunden, um das Fest zu begehen.
Hierzu wurden einige hundert Schafe, Ochsen und Kühe als
Opfertiere geschlachtet, und man trank Kumyß, den die Bauern der umliegenden Dörfer herangeschafft hatten (H 51 f).

Am Beispiel von Zeki Velidis Vater zeigt sich, daß offensichtlich kaum dogmatische Schranken zwischen den verschiedenen Derwischorden bestanden. So fand Ahmedşah neben den zikir-Rezitationen seines eigenen Ordens, die er lautlos betete[1], auch Gefallen am zikir des Yesevī-Ordens[2], dem Mollagul Divana, ein guter Bekannter der Familie, angehörte. Die Bewegungen, die dieser während des zikir ausführte, wurden in Togans Sprache als bıçkı-zikri oder im Türkeitürkischen als çapkın bezeichnet[3] (H 13).

Während Zeki Velidis Kindheit war Ahmedşah von seinem Pîr, Scheich Zeynullah aus Troitsk (siehe Karte), zum Scheich[4] (şeyh oder işan) ernannt worden und hatte darüber eine schriftliche Urkunde (icazetname)[5] erhalten (H 39). Als daraufhin ein Freund der Familie namens Fazkan Ahmedşah bat, ihn als Schüler (mürid) aufzunehmen, erwiderte ihm Ahmedşah: "Es ist nicht mehr die Zeit des tasavvuf;

---

1) Über Ursprung, Inhalt und Art der Durchführung des zikir s. Algar, The Naqshbandī Order, S. 129 f.
2) Vgl. Togan, "Yeseviliğe ait bazı yeni malumat", Fuad Köprülü Armağanı (1953), S. 523-9.
3) Bıçkı "Wald-, Spannsäge" (Steuerwald, S. 113). Çapkın "Pferd, das gut läuft; Landstreicher; Schürzenjäger" u.a. (Steuerwald, S. 168). Trimingham, The Sufi Orders in Islam, S. 197: Auf Ahmed Yesevī geht das zikir der "raspelnden Säge" (rasping saw) zurück.
4) Zur Terminologie s. weiter unten S. 36 f, Anm. 1.
5) Der Terminus "icazet" findet sich in diesem Zusammenhang auch bei Kissling, "Aus der Geschichte des Chalvetijje-Ordens", ZDMG 103 (1953), S. 243.

diese Zeit ist vergangen. Ich habe zwar das Amt des
Scheichs angenommen, aber ich werde niemanden als Schüler annehmen, noch erlaube ich, daß man mich Scheich nennt.
Ich werde nur Fazkan annehmen, denn ihm habe ich mein Wort
gegeben".

Fazkan war ein wohlhabender Bauer, von der Mystik durchdrungen, weitherzig in der Auslegung ritueller Vorschriften, freigebig und mutig (sufimeşrep, rind, cömerd ve
yiğit), der in einem Dorf etwa 100 Kilometer von dem Zeki
Velidis wohnte. Als eines Tages Ahmedşah und Zeki Velidi
zu Besuch bei ihm erschienen, war in seinem Haus ein Festgelage in Gange, bei dem große Mengen von "bitterem Honig"
(acı bal) hergestellt wurden. Fazkan selbst war betrunken,
so daß Ahmedşah in Zorn geriet und ihn zu beschimpfen begann ("ha domuz içmişsiniz"). Doch bereits etwas später
verrichteten die beiden zusammen das Nachmittagsgebet
(ikindi namazı). In dessen Verlauf rezitierten sie zusammen aus einem Buch ein Şūfīgedicht, das ursprünglich von
dem Mevlevī-Derwisch Šams-i Tabrīzī stammte und in dem
die Vorzüge und die Annehmlichkeiten des Rausches für die
Seele gepriesen wurden. Dieses Gedicht, das bei den Yesevī-
Derwischen sehr beliebt war, hatte Ahmedşah von dem erwähnten Mollagul Divana übernommen. Die Rezitation dieses Gedichts versetzte Ahmedşah und Fazkan in feurige Begeisterung. Zeki Velidi jedoch ging das seltsame Gebaren der
beiden auf die Nerven. Ihm mißfielen die verrückten Bewegungen, die für ihn Ausdruck mystischer Ekstase voller
Bigotterie waren, während die beiden Männer in diesem
Tanz die Welt vergaßen (H 40).

In der Person von Ahmedşahs Schwager, Habibnacar Satlıq,
offenbart sich eine andere Seite des Derwischtums. Habibnacar gehörte als Imam ebenfalls zu den ʿulamāʾ und war
Leiter einer Moscheeschule. In seiner Lebensweise war er
weniger streng auf die Einhaltung der Vorschriften des

Religionsgesetzes bedacht als Ahmedşah. Er gehörte dem
liberaleren und fortschrittlicheren Teil der Molla an,
die sich auf die Ideen Mercanis beriefen und mit den konservativen und fortschrittsfeindlichen Molla im Streit
lagen.

Der einzige Molla, den Togan mit dem Terminus Derwisch
(derviş) bezeichnet, war Mollagul Divana. Dieser Mann,
der in Zeki Velidis Kindertagen etwa 50 Jahre zählte,
war von sengim-kiptschakischer Herkunft und gehörte dem
Derwischorden der Yesevī an, der in Baschkirien nur wenig
bekannt war. Bei der Durchführung seines oben erwähnten
zikirs rezitierte er religiöse Gedichte (dinî neşideler).
Dabei warf er den Kopf vor und zurück und vollführte gleichzeitig hüpfende Bewegungen, die einem Tanz (raks, rakis)
ähnelten. Bisweilen trug er diese Gedichte zur großen
Begeisterung der Zuhörenden als Lieder vor. Dabei begleitete er sich selbst auf der Rohrflöte (ney), die in Zeki
Velidis Heimat den Namen kuray trug (H 13-8).

Die in den Memoiren dargestellten Ordensangehörigen lassen sich aufgrund der verwendeten Terminologie nur ungenau
klassifizieren. Die Termini šaiḫ, išān und pīr bezeichnen
im wesentlichen den Vorsteher eines Derwischordens, doch
läßt sich Togans Aufzeichnungen nicht entnehmen, welche
konkreten Aufgaben, Tätigkeiten und Verpflichtungen mit
diesen Ämtern verbunden sind und welche Unterschiede zwischen ihnen bestehen[1]. Ebenso bleibt es unklar, in welcher

---

1) Nähere Angaben hierzu s. Barthold, Ulugh-Beg, Four
Studies on the History of Central Asia, Vol. II (1963),
S. 168-77: Hier wird als typischer išān ein Ḫoǧa Aḥrār
bezeichnet, der sich voller Fanatismus sowohl für die
šarīʿa, als auch für das Sufitum einsetzte. Bala, "išān",
İA V, S. 1124 f.: Der Terminus (das Personalpronomen der
3. Pers.plur. im Persischen) bezeichnet einen Titel, der
unter den Türken Turkestans und des Wolga-Beckens Gelehrten, Scheichs und Derwischen verliehen wurde, etwa mit
der Bedeutung "sûfî, mütakkî, velî, kerâmet sahibi".

Form die Derwische organisiert waren, ob es neben den
Moscheeschulen der Scheiche auch Klöster (ḫāngāh) gab,
in denen die Derwische gelegentlich zusammenkamen oder
auch für längere Zeit lebten, und ob es daneben auch
Wanderderwische gab. Es fällt lediglich auf, daß Togan
die Molla, die der Naqšbandīya von Buchara angehörten,
wie z.B. Ahmedšah und Habibnacar, weder als Derwisch noch
als ṣūfī bezeichnet. Für sie gebraucht er allein den Ausdruck molla.

Nach Togans Ausführungen zeigt sich im Mollatum Baschkiriens eine Synthese aus islamischer Orthodoxie und sufischer Mystik. Denn die meisten der beschriebenen Molla
sind sowohl ʿulamāʾ als auch Derwische bzw. Ṣūfī. Den
ʿulamāʾ sind sie aufgrund ihrer Eigenschaft als Lehrer
einer Moscheeschule (müderris) zuzuordnen, einer Lehrstätte
also, die traditionsgemäß Fächer wie islamisches Recht,
Koranexegese, Ḥadīṯwissenschaft usw. nach den Richtlinien
der islamischen Orthodoxie vermittelt. Gleichermaßen aufgewertet wird diese Stellung durch das Imamat, also durch
die Funktion und die Stellung des Vorbeters, die der überwiegende Teil der von Togan beschriebenen Molla innehatte.
Der madhab, auf den sie sich beriefen, war die ḥanafitische
Rechtsschule. Die geistig-kulturelle Tradition des Derwischtums[1], das nicht nur in der Schīʿa, sondern auch in der

---

Yazıcı, "Pîr", İA IX, S. 558 f.: Im Ṣūfī-System ist er
der muršid, der "geistige Lehrer". Er steht auch als
Titel für die Gründer von Derwischorden. Der Artikel enthält auch einige knappe Anmerkungen zu den Lebensgewohnheiten der Pîre. Cour, "Şeyh", İA XI, S. 461 f.: Ein Titel, der dem Gründer eines Derwischordens verliehen wird,
den aber auch diejenigen Nachfolger tragen, die auf der
höchsten Stufe der Ordensleiter stehen. Auch die Leiter
von Abzweigungen eines bestimmten Ordens tragen diesen
Titel. Weitere aufschlußreiche Hinweise zur Terminologie
von šaiḫ, pīr, muršid, ḫalīfa, ustād, murād, murīd s.
Gramlich, "Die schiitischen Derwischorden Persiens",
AKM XXXVI (1976), S. 182-252.

1) Die wichtigste Quelle zum zentralasiatischen Derwischtum
ist Ḥusain-i Kāšifīs Buch Rašaḥat ʿain al-ḥayāt von 1503,
s. Browne, LHP Vol. III, p. 434, p. 441 sq.

Orthodoxie vorkommt, tritt im Ritual des zikir zutage, bei dem Gedichte von ʿAṭṭār, Ǧalāl ad-dīn Rūmī, Šams-i Tabrīzī, ʿAlī Šīr Nevāʾī, Aḥmed Yesevī und Ṣūfī Allāh-Yār rezitiert werden[1]. Diese Tradition reicht bis in das 14. Jahrhundert zurück. Ihr geographischer Ursprung liegt in Buchara, das bis ins 20. Jahrhundert ein religiöses Zentrum war. Nach Barthold waren im 15. Jahrhundert, zur Zeit Uluġ Begs[2], die Vertreter der Buchtheologie zu Führern der Oberschicht geworden, so daß es zum Kampf zwischen Derwischtum und Theologie kam. In Turkestan war diese Auseinandersetzung ganz anderer Gestalt als in Vorderasien. Dort forderten die Theologen die strenge Einhaltung des Glaubensgesetzes, während die Derwische oder Ṣūfī für eine freiere Auslegung der Religionsvorschriften eintraten. Hier dagegen vertraten die Derwische das Glaubensgesetz (šarīʿa) und bezichtigten sowohl die Vertreter der Staatsgewalt, als auch das Haupt der islamischen Geistlichkeit, den šaiḫ al-Islām, der Zerstörung der Glaubensvorschriften. Das geschah alles im Namen der Belange der Volksmassen. Verschiedene der von Togan aufgezählten Molla und nicht zuletzt auch Mercani, auf den sich der fortschrittliche Teil von ihnen berief, hatten ihr Studium in Buchara absolviert, wo sie von einem liberalen Religionsverständnis infiziert wurden, mit dem sie schließlich nach Baschkirien zurückkehrten. Offensichtlich war ihr Einfluß im Lauf der Generationen bis in die Zeit Togans bedeutend, denn die religiösen Verhältnisse zu Beginn des 20. Jahrhunderts weisen nur geringfügige Abweichungen von den Verhältnissen der Zeit Uluġ Begs auf. Über die Macht der fortschrittlichen Molla auf der einen und den fanatischen und fortschrittsfeindlichen Theologen

---

1) Ritter, Mevlānā Celāleddīn Rūmī ve etrafındakiler. TM Band VII-VIII (1940-42), S. 268-81.
2) Barthold, Uluġ Beg und seine Zeit, AKM XXI (1935), S. 143-8.

auf der anderen Seite[1], vermitteln Togans Mitteilungen keine ausreichende Klarheit, doch entsteht der Eindruck, daß die Fortschrittlichen in der Überzahl waren.

4) Ländliches Leben und Volksbräuche

Neben dem gesellschaftlichen Bestandteil - dargestellt in den drei vorhergegangenen Kapiteln - bildet die natürliche Umwelt ein weiteres wichtiges Element im Milieu Zeki Velidis. Die umfangreichen, plastischen und detaillierten Schilderungen, die Togan vor allem im ersten Teil seiner Memoiren (gençliğim) darlegt, zeigen, daß er diesem Faktor - sicherlich nicht zuletzt auch hinsichtlich seiner geistigen Entwicklung - ebenso große Bedeutung beimaß, wie den gesellschaftlichen Verhältnissen.

Zeki Velidis natürliche Umwelt war geprägt von der ländlich-bäuerlichen Kultur Südbaschkiriens, das heißt, von den verschiedenen, jahreszeitlich bedingten Tätigkeiten in der Landwirtschaft und dem Brauchtum, das mit dieser in enger Verbindung stand.

Wie bereits angedeutet, verbrachte Zeki Velidi etwa acht Monate des Jahres - von März bis Oktober - in Küzen, wo er neben der Schulausbildung durch seinen Vater viel Zeit mit Arbeiten in dessen Landwirtschaft verbrachte. Deren Grundlage bildete die Viehzucht, eine extensive Viehweidewirtschaft vor allem mit Pferden, Rindern und Schafen. Nach Ahmedşahs Meinung bestand die wichtigste Aufgabe des Dorfes darin, das Vieh zu versorgen und die Weiden instand zu halten (H 22). Seine "Landwirtschaft" war nur das eine Feld, auf das er mit der Hand zwei bis drei Rockschöße

---

1) Nach Zenkovsky, Panturkism, S. 53, standen die fanatischen Molla der panturkistischen Bewegung, der der größte Teil der fortschrittlich Gesinnten angehörte, ablehnend bis feindlich gegenüber.

(bismet, yılen) Hirse (darı) säte, die unter anderem während der Wintermonate neben dem Heu als Viehfutter diente. Andere Feldfrüchte wurden nicht angebaut, weder Gemüse noch Kartoffeln. Letztere wurden verabscheut (pislikte yetişmiş) und somit auch nicht gegessen, mit Ausnahme der wildwachsenden Kartoffeln (baschkirisch: sarana). Die Viehzucht vollzog sich während der schneefreien Monate auf fernab vom Dorf gelegenen Weiden (yayla), wo das Vieh von einem Hirten gehütet wurde. Im Winter kehrten die Tiere – zum Teil aus eigenem Antrieb – zum Dorf zurück, wo sie in offenen Ställen untergebracht wurden[1].

Diese Verhältnisse haben laut Togan jedoch nur für seine frühe Kindheit – also knapp bis zur Jahrhundertwende – ihre Gültigkeit. Eine Reihe wichtiger Ereignisse, die sich zu Ende des 19. Jahrhunderts im Süden Rußlands zutrugen, führten neben politischen Veränderungen auch zu einer starken Beeinträchtigung der Wirtschaft und Kultur der Turkstämme[2]. Denn die im großen Stil vollzogene Landnahme (1891/92) durch mehr als eine Million Kolonisten führte zwangsläufig zu einer starken Reduzierung des Weidelandes für die auf Viehzucht angewiesenen Baschkiren. Diesen wurde damit ein wesentlicher Bestandteil ihrer Lebensgrundlage entzogen und neben einer Anzahl von Akkulturationserscheinungen waren es vor allem Hungersnöte, die sie in den folgenden Jahren in große Bedrängnis brachten.

Einer der Stämme, die im Rahmen dieser Landnahme von Westen her kommend in Baschkirien eingewandert waren und von denen

---

1) Eine große Anzahl ergänzender Hinweise zur Viehwirtschaft der Türken findet man bei Ögel, Türk Kültür Tarihine Giriş, Bd 1, "Türklerde yayla ve kışlak hayatı", S. 1-140.
2) Hierzu gehören die Kolonisation islamisch-türkischer Gebiete durch Russen und andere Fremdvölker, die heftige Aufstände hervorriefen und das Aufkommen nationalistischer bzw. panturkistischer Ideen. S. unter "Sozialismus und Kommunismus", S. 81.

sich auch eine Anzahl in Küzen angesiedelt hatte, waren
die Mischären (Mişer)[1], die Togan mit den Baschkiren aus
Küzen vergleicht. Bei ihnen waren - im Gegensatz zu den
Baschkiren - Viehzucht, Ackerbau und dörfliches Leben in
gutem Zustand. Neben einem starken Getreide- und Gemüse-
anbau intensivierten sie vor allem die Viehzucht. Ihre
Tiere blieben das ganze Jahr im Dorf und waren im Winter
in gedeckten Ställen (örtülü "abzâr" dedikleri ahırlarda..)
untergebracht (H 30)[2].

Die baschkirische Viehzucht wurde durch das Erscheinen der
Mischären stark eingeschränkt, weil diese nicht nur die
Weiden in Ackerland verwandelten, sondern auch ihre Ge-
müsefelder, ja sogar nach Art der Russen, das ganze Dorf
mit Zäunen umgaben. Ahmedşah machte sich jedoch wenig
aus derartigen Innovationen und sah es nicht ungern, wenn
im Herbst, gleichsam als eine Herausforderung an die Mischären, Tataren und Russen, sein Vieh auf dem Abtrieb
von den Bergweiden zum Dorf durch deren Felder trottete
(H 22).

Das Hüten und Versorgen der Pferde und Kühe war eine von
Zeki Velidis Lieblingsbeschäftigungen in der Landwirtschaft.
Wenn Anfang März das Heu zu Ende ging, wurde das Vieh mit
Zweigen (baschkirisch yily) gefüttert, die man im Wald
von bestimmten Bäumen geschnitten hatte. Sobald die Schneeschmelze einsetzte, trieb Zeki Velidi zusammen mit Freunden aus der Nachbarschaft das Vieh zum Weiden an Stellen,
die bereits frei von Schnee waren. Im Sommer oblag es unter
Ahmedşahs Kindern dann meist ihm, als Hirt allein in der

---

1) Findeisen, Rudenko, S. 60.
2) Das Wort hat nichts mit dem tk.-türkischen kerte zu tun
   (vgl. Steuerwald, S. 517). Togan erklärt hierzu (H 30,
   Anmerkung): 'Abzâr', farsça 'ab-zâr'dan', Başkurtlarda
   'azbâr' yahut eski Horezmceden gelen 'kerte' kelimesi
   kullanılır.

Natur, das Vieh zu versorgen, eine Tätigkeit, die er
dem Schulunterricht vorzog (H 29 ff). Es war ein leichtes angenehmes Leben auf den Weiden von Ak-Bıyık: Er kümmerte sich um die Tiere, gab ihnen Salz zu fressen, daneben trank er den Kumyß (kımız), den die Frauen zubereitet
hatten und ging selbst zu anderen Hirten, um Kumyß zu
trinken und sich an Spielen zu beteiligen. - Dieser Weideaufenthalt schloß sich an die Zeit an, in der im Wald
Holz zum Verkauf geschlagen und die Rinde der Lindenbäume
geschält wurde[1]. Nach ihm folgte die Zeit der Heuernte.
Im Herbst kehrten die Tiere nie von sich aus zum Dorf zurück, bevor der Schnee nicht ziemlich tief geworden war,
und es schien ihnen zu gefallen, das Gras vom Schnee frei
zu scharren und zu fressen. Um diese streunenden Tiere
aufzuspüren und zu verfolgen, wurden Skier benutzt.
Hatte man sie endlich gefangen, so "verdroschen wir sie
gehörig, um sie zur Vernunft zu bringen, genauso, wie
bei uns die Baschkiren ihre geliebten Frauen verprügeln
und zur Räson bringen" (H 43).

Daneben gehörte die Bienenzucht zu den Tätigkeiten, denen
sich Zeki Velidi mit Herz und Seele widmete[2], nicht zuletzt mit dem Gedanken an jenes, aus dem Honig gewonnene,
alkoholische Getränk, den acı bal, und die Feste und Gelage, bei denen dieser "bittere Honig" reichlich floß.
Im April begann für Zeki Velidi und seine Leute die Beschäftigung mit der Imkerei (arıcılık). Der Bienengarten
(umartalık), der aus über hundert Stöcken bestand, befand
sich auf einem alten Weide- und Friedhofsgelände der Fami-

---

1) Die Rinde wurde in fließendes Wasser gelegt, gewalgt,
um sie geschmeidig zu machen und dann zu salabaş genannten Quasten (ıhlamur elyafı, Pl. von lif) verarbeitet, die - wie auch die Palmenquasten - zum Schäumenlassen der Seife in türkischen Bädern verwendet wurde
(s. Steuerwald, S. 587).
2) Togan zog dabei Nutzen aus der russischen Fachzeitschrift Pcelovodstvo (Imkerei).

lie, vier Kilometer vom Ort entfernt. Dort stand auch eine
Gartenlaube (alacık), die im Winter der Aufbewahrung der
Bienenstöcke diente. Alljährlich im Frühling wurden diese
für die Bienen hoch oben in den Bäumen an Ästen befestigt.
Daneben gab es eine andere Art von Körben (suluq)[1], mit
denen wilde Bienenvölker eingefangen und seßhaft gemacht
werden sollten. Diese waren auf einer Distanz von über ein-
hundert Kilometern um das Dorf verstreut. Im Juni mußte
zwei Wochen lang beobachtet werden, ob sich neue Völker
in ihnen niederließen. Bei dieser als bilemqarav bezeichneten Tätigkeit war man mit Pferden unterwegs (H 30).

Im Herbst wurde nach der Honigernte eine Menge von Honigwein (bal şarabı) zubereitet. Togans Dorf war bekannt für
seine Imkerei, Honigproduktion und für den hohen Verbrauch
von Honigwein. Zekis Mutter stellte dieses Getränk heimlich zu Hause her; ihr Mann wußte davon, nahm aber ihr
Tun hin und ignorierte es. Den Wein, der "in irgendeiner
Weise dem Islam angepaßt worden war" (İslâma uydurulan
bu şarabı) tranken auch nicht wenige der baschkirischen
Imame (H 21). So ein gewisser Ehil Molla, ein Verwandter
der Familie, der von seiner Gemeinde den acı bal gleichsam als Zehnt (öşür) entgegennahm und bis zum letzten
Tropfen trank. Natürlich war er häufig betrunken und
scheute sich nicht einmal, in diesem Zustand das Volk
das rituelle Gebet verrichten zu lassen (H 42). Dennoch
war er bei diesem beliebter als Ahmedşah, der sich jeg-
lichen Alkoholgenuß versagte. Zeki Velidi jedoch hatte
stets Anteil an den Zusammenkünften und Sitzungen in
dieser "Honigwelt" (bal âlemi), die voll war mit Versen

---

1) Tk.-Türkisch suluk (Steuerwald, S. 852): Diese Stöcke
wurden hergestellt, indem man einen Teil eines Baum-
stammes (cam ağacı, also Nadelholz) aushöhlte.

und Trinksprüchen der persischen Lyrik. Derartige acı bal meclisleri fanden oft im Rahmen von Festen statt, von Feierlichkeiten und anderen vergnüglichen Ereignissen, die fröhliche Abwechslung ins dörfliche Leben brachten. Dazu gehörten die als "Ziegenbockzeit" (teke zamanı) bezeichnete Schafschur im Juni und das Schlachtfest im Herbst, bei dem Fleisch und Würste für den Winter zubereitet wurden (H 31)[1]. Im Frühjahr fanden zwei traditionelle Feste statt, so in der ersten Aprilhälfte das von den Tataren anläßlich des Beginns der Feldbestellung gefeierte "Pflugfest" (saban toyu) und Ende Mai das baschkirische yıyın-Fest. Zeki Velidi ritt mit dem Pferd zu diesen Festen, wo er sich gelegentlich an den Pferderennen beteiligte, die Ringkämpfe verfolgte und bei den Kämpfen der Jugendlichen selbst mitrang (H 29)[2]. In seinem Dorf fanden jeden Abend Ringkämpfe statt, den Schülern war es jedoch nur mittwochs erlaubt, sich daran zu beteiligen, was Zeki mit größter Begeisterung als demirbaş, als "zäher Kämpfer", tat.

Bei den Wettkämpfen zu Pferde, wie sie von den Kaçkınbaylar[3] ausgetragen wurden, ging es darum, vom galoppierenden Pferd aus blitzschnell eine Reitpeitsche von der Erde aufzuheben. Diejenigen, die sie nicht ergreifen konnten, erhielten selbst einen gehörigen Schlag mit der Peitsche. Um dem aber zu entgehen, flohen sie und warfen nun dem anderen die Peitsche hin, so daß sich nun der Spieß umkehrte. Von diesem Reiterspiel gab es eine Variante, an der sich auch Mädchen beteiligten, die oft nicht schlechter ritten als die Jungen (H 33 f).

---

1) Letzteres wurde als soğum (entspr. kanaatkârlık: "Sich-Bescheiden, Genügsamkeit, Anspruchslosigkeit") bezeichnet, ebenso wie auch zur Zeit von ʿAlī Šīr Nevāʾī diejenigen Tage (soğum günleri), an denen viel Wein getrunken wurde (H 42).
2) Pflugfest, Ringkämpfe und Pferderennen werden auch bei Findeisen, Rudenko, S. 22 aufgeführt.
3) Mit dieser reichen Familie aus dem Dorf Alagoyan Başı war die Familie Togan eng befreundet. Ihr Familienoberhaupt war Imam wie Ahmedşah.

Das Bild von Togans ländlichem Milieu wurde schließlich noch durch eine weitere Tätigkeit ergänzt, nämlich durch die Jagd, wie sie im Herbst durchgeführt wurde: Kaum war der erste Schnee gefallen, so zog Zeki Velidi zusammen mit seinen Freunden zu Pferde hinaus in die Wälder und Berge, wo sie mit Falke und Gewehr Jagd auf Haselhühner (çil tavuğu), Fasane (sülün, baschkirisch: qırqavul) und Hasen machten. Zeki Velidi besuchte stets erst dann die Schule, wenn er an dieser Jagd teilgenommen hatte (H 43).

Neben jener großen Zahl weltlicher Bräuche berichtet Togan nur von einem einzigen religiösen Volksbrauch, der Aufführung einer Legende über den Propheten Mohammed, die in Küzen vor dem Dorfpublikum stattfand. Der Inhalt dieser Legende war anscheinend allgemein bekannt (H 14 f). Als der Prophet bei einem Fest gerade eine Anzahl geschmückter Kamele, eines nach dem anderen, bestieg, sah er, wie Kinder reicher Leute erschienen. Aber er hörte auch ein armes, weinendes Kind rufen: "Wenn ich doch auch ein Kamel hätte!" Um dem Kind eine Freude zu bereiten, verwandelte sich Mohammed in ein Kamel, nahm das Kind auf seine Schultern und sprang mit ihm in der Menge umher, bis ihn Abū Bakr darauf aufmerksam machte, daß sich dieses Verhalten für ihn nicht schicke. "Dann soll das Kind das Kamel, auf dem es sitzt, kaufen und frei lassen" erwiderte Mohammed. Daraufhin gab Abū Bakr dem Kind sechs Nüsse und ließ den Propheten frei. Diese Geschichte wurde von Mollagul Divana, der das Kamel spielte und Zeki Velidi auf den Schultern trug, wobei er die Legende in Versform sang, und Ahmedşah als Abū Bakr, vor der Bevölkerung von Küzen aufgeführt.

Ahmedşah gab seinem Sohn ein Gedicht des persischen Mystikers Šams-i Tabrīzī (gest. 1247) zu lesen, das sich auf diese Legende bezog; es rührte den damals vierzehnjährigen Zeki zu Tränen:

> Dieses Kind konnte nicht wissen, wer es auf
> seinem Rücken trug, denn es war ein Kind;
> Hätte es [ihn] gekannt, so hätte es [ihn]
> nicht für den Preis der ganzen Welt und des
> Universums verkauft.

III. Weitere Stationen der Ausbildung

1) Orenburg

Am 29. Juni 1908 verließ Zeki Velidi seine Heimat, die Welt von Küzen und Ütek, nachdem er bereits seit Monaten von dem Gedanken beseelt war, sich in einer großen Stadt voll und ganz dem Studium der Wissenschaft zu widmen (H 50). Seine Abreise vollzog sich heimlich, ohne Wissen der Eltern, denn der Vater hatte mit Zeki Velidi völlig andere Pläne: Er wollte ihn zunächst verheiraten, danach sollte er Imam werden und die Moscheeschule des Vaters übernehmen. Vor seiner Abreise, an einem Tag, an dem die Eltern nicht zu Hause waren, versorgte sich Zeki Velidi mit einigen Lebensmitteln, nahm jedoch kein Geld an sich, hinterließ noch einen Abschiedsbrief und verließ dann sein Dorf, wobei ihn sein Bruder Abdurrauf noch zehn Kilometer zu Pferd begleitete, worauf sie unter Tränen voneinander Abschied nahmen.

Am Tag des Pfingstfestes[1] gelangte Zeki Velidi in ein russisches Dorf, in dem sich die christliche Bevölkerung bei Musik, Tanz und Wodka amüsierte. Die Christen bezeichnet er dabei als Ungläubige (küffar). Zeki Velidi beteiligte sich zunächst an den Vergnügungen, bis schließlich jemand ein Glas Wodka auf ihn schüttete und man ihm seinen Reiserucksack entriß. Voll tiefer Abneigung und Ekel gegenüber dieser neuen, fremden Welt, verbunden mit Gewissensbissen gegenüber seinem Vater, verließ er am Tag darauf diesen Ort (H 51).

Drei Tage später gelangte Zeki Velidi in die Provinzstadt Meleviz, wo die Einweihung einer neu errichteten Moschee

---

1) Lt. Togan küçük paskalya "kleines Osterfest"; russisch Troitsa.

gefeiert wurde[1]. Eine große Anzahl von Imamen und Molla
war zusammengekommen, und auch Zeki Velidi wurde hierzu
eingeladen. In den Gesprächen ging es um die Ausbreitung
des Islam in Japan nach einer Veröffentlichung in der
Zeitung "Welt des Islam" (Âlem-i İslâm). Bei der Diskussion um die Frage, ob man die zum Islam konvertierten
Japaner auch dann als Muslime betrachten könnte, wenn sie
sich keiner der islamischen Rechtsschulen anschlössen,
zog Zeki Velidi den Protest der Fanatiker auf sich, als
er postulierte, daß "es einen reineren Islam gäbe, der
höher stehe als die Rechtsschulen" (mezheplerden üstün
daha temiz bir İslâmiyet), und dazu aus den Werken von
Ibn Taimīya (1263-1328) und Ibn Qayyim al-Ǧauzī (1292-
1350) zitiert. Daneben befand er sich in Übereinstimmung
mit denjenigen, die der Überzeugung waren, daß die Unterschiede zwischen den Rechtsschulen und Ṣūfī-Orden für
den Islam von Schaden wären (H 52). Wiederum empfahlen
einige Anwesende Zeki Velidi, zur Vertiefung seines Studiums auf dem Gebiet der Islamwissenschaft nach Ägypten
zu fahren. - Kurze Zeit später machte er die Bekanntschaft eines wohlhabenden Tataren namens Kemal Bey
Ubaydullin, der Zekis Idee eines Auslandsstudiums mit
Interesse aufnahm. Er begann, ihn über verschiedene Themen der islamischen Lehre zu examinieren[2], und stellte

---

1) Diese Moschee hatte der muslimisch-tatarische Bevölkerungsanteil der Stadt errichten lassen. Nach Benningsen-Lemercier, Islam in the Soviet Union, S. 13 (Anm. 2),
waren im 19. Jahrhundert an die 100 000 Tataren zum
Christentum "bekehrt" worden. Nachdem sie aber durch die
Revolution von 1905 gewisse Freiheiten - darunter auch
solche auf religiösem Gebiet - erreicht hatten, waren sie
sofort wieder zu ihrer ehemaligen Religion, dem Islam,
zurückgekehrt.
2) Hierbei wird Zeki Velidi nach den Kırk Farzlar gefragt,
nach den vierzig kanonischen Vorschriften im Islam. Im
Zusammenhang mit dem Derwischorden der Bektaşī findet
man eine genaue Auflistung dieser 40 Vorschriften bei
Birge, The Bektashi Order of Dervishes, daraus: "The
Doctrine of the Four Gateways", S. 120-9.

dabei fest, daß Zeki Velidis Kenntnisse momentan noch zu gering wären, als daß er sie durch ein Studium in Beirut, Ägypten oder Istanbul vertiefen könnte. Für Zeki Velidi selbst war das Grund genug, auf die Reise zu verzichten, zumal sein Interesse an Fragen der Religion - insbesondere fiqh und kalām - tatsächlich nur gering war (H 56 f).

Zeki Velidis Weiterreise in Richtung Orenburg vollzog sich unter armseligen Umständen. Da er kaum Geld besaß, war er auf die paar Pfennige angewiesen, die ihm gelegentlich entfernte Freunde und Verwandte seines Vaters schenkten. So kam es, daß er einige Male, vor Hunger erschöpft, in den Hütten der Ärmsten, in Getreidefeldern oder im Wald übernachtete. Als er schließlich Orenburg[1] erreichte, nahm er zunächst in einer Moschee Quartier, was die billigste Unterkunftsmöglichkeit war. Nachdem er beim Waschen seiner Wäsche um ein Haar im Fluß Sakmar ertrunken wäre, lernte er schwimmen. Außerdem legte er seine baschkirische Volkstracht ab[2], um sich von nun an nach Art der Europäer zu kleiden.

In diesen Tagen kaufte sich Zeki Velidi ein russisch-arabisches Wörterbuch und begann mit dessen Hilfe einige Abschnitte aus dem Werk Yadrintsevs, des Entdeckers der Orchon-Inschriften, ins Tatarisch-Tschagataische zu übersetzen[3], nämlich "Die Bedeutung des Nomadenlebens in der Kulturgeschichte der Menschheit" und "Die Ursachen des Niedergangs der Nichtrussen und deren kulturelle Begabungen".

---

1) Neben Kazan war Orenburg damals ein bedeutendes Zentrum der Muslime Rußlands.
2) Togan gibt selbst eine genaue Beschreibung dieser Tracht, s. H 55.
3) Offensichtlich vollzog sich Zeki Velidis Übersetzung aus dem Russischen auf dem Umweg über das Arabische, das ihm zu jener Zeit bereits völlig vertraut war.

In jenen Tagen fand in der Türkei der Umsturz der Jungtürken (Jön Türkler) statt. In einem tatarischen Kaffeehaus las Zeki Velidi deren Zeitung Sura-yi Ümmet. Daneben berichteten auch russische Zeitungen ausführlich über die Vorgänge des Jungtürken-Aufstandes, der von neuem Zekis Sympathie für die Türkei weckte.

In Orenburg machte Zeki Velidi die Bekanntschaft des berühmten Gelehrten Rizaeddin Fahreddin, eines guten Freundes seines Vaters, der mit der Herausgabe einer Literaturzeitschrift mit dem Titel Şura begonnen hatte. Dieser Gelehrte hatte auch ein Werk über Leben und Philosophie Abū ʿAlāʾ al-Maʿarrīs geschrieben, das Zeki in diesem Jahr (1908) gelesen hatte. Zeki Velidi berichtete von seiner momentanen Unentschlossenheit darüber, ob er zum Zwecke des Studiums nach Syrien fahren oder stattdessen die russische Schule besuchen sollte. Fahreddin riet ihm, im Lande zu bleiben, wo seine Tätigkeit wichtiger wäre. Er nahm dabei Bezug auf die Geschichte der Osttürken, die Zeki Velidi 1905 geschrieben hatte. Zudem gäbe es, abgesehen von Yusuf Akçura und Ahmad Agaeev, niemanden unter den Intellektuellen außer Zeki Velidi selbst, der in diesem Milieu von maßgeblicher Bedeutung wäre (H 57)[1].

Nach einigen Wochen verließ Zeki Velidi Orenburg in Richtung Astrachan (s. Karte) mit dem Güterzug. Unterwegs kam er wieder mit verschiedenen Intellektuellen[2] ins Gespräch, die ihm ebenfalls nahelegten, seine Ausbildung in Rußland fortzusetzen. Mit dem Dampfer gelangte er anschließend auf dem Ural-Fluß nach Astrachan, wo er mit Abdurrahman Ömerov (Ömeroğlu) bekannt wurde, dem Herausgeber der Zei-

---

1) Yusuf Akçura (1876-1935): Tatarischer Politiker und einer der geistigen Väter des Panturkismus. Ahmed Agaoğlu (Agaev): Aserbeidschanischer Journalist und Politiker, ebenfalls Panturkist. S. Zenkovsky, Panturkism, S. 38 f und S. 107 f.
2) Diese waren u.a. Aliasgar Çağatay, ein Imam und Journalist, und Fatih Murtazin.

tung Edil ("Wolga"). Dieser hatte vormals an Mercanis
Medrese bei Habibnacar Satlıq gelernt und war mit Zekis
Vater und Veli Molla, einem Onkel, eng befreundet. Er war
ein Kenner und Liebhaber türkischer Volksepen[1], sowie der
arabischen Sprache und Literatur. Da er Zekis Fähigkeiten,
Artikel zu schreiben, kannte, wollte er ihn dazu veran-
lassen, sich in Astrachan niederzulassen und als Journalist
an seiner Zeitung mitzuarbeiten. Zeki Velidi lehnte diesen
Vorschlag ab, da ihn das beabsichtigte Studium nach Kazan
drängte (H 58 f).

2) Universität Kazan

Von Astrachan fuhr Zeki Velidi mit einem Frachtdampfer
über Saratov wolgaaufwärts bis Kazan. In Saratov unter-
brach er die Fahrt, um auf einem Landgut durch Erntearbeit
etwas Geld zu verdienen. Danach nutzte er die Gelegenheit,
um ein Dorf im Becken des Flusses Kemlik zu besuchen, in
welchem einst sein Großvater İştogan gestorben war.

In Kazan besuchte Zeki Velidi gleich nach der Ankunft die
Medrese des Şehabeddin Mercani, den er für den größten Gelehrten unter den Muslimen Rußlands der letzten Jahrhunderte
hielt. Dank der Erziehung durch seinen Onkel Habibnacar
Satlıq war Zeki Velidi das neue Milieu in Kazan durchaus
nicht fremd.

Er besuchte die Bibliotheken des Burhan Molla, eines Sohnes
Mercanis, und des Alimcan Barudi[2], wo er Mercanis achtbän-
diges arabisches Werk zur Geschichte mit dem Titel Vafayāt
al-aslāf ("Die Obituarien der Vorfahren") las. In der Ein-

---

1) Er besaß eine umfangreiche Sammlung von Gedichten und
   Epen nogay-tatarischer Sprache aus dem 16. Jahrhundert
   und war daneben ein Kenner der Geschichte der Nogay-
   Stämme (H 73 f).
2) Alimcan Barudi (1857-1921): Mufti und Leiter der Muḥammadīye-Medrese in Kazan. S. Zenkovsky, Panturkism, S. 49.

leitung "Muqaddima" dieses Werkes, die allein schon einen
Band umfaßt, äußert Mercani in Anlehnung an Ibn Ḫaldūn
verschiedene liberale Gedanken. In einem Teil dieses umfangreichen Werkes widmet sich Mercani der Geschichte der
Chalifen und der Biographie verschiedener islamischer Gelehrter[1]. In den letzten Bänden dagegen behandelt er das
Wolgagebiet und verschiedene Gelehrte Turkestans und der
Osmanen. Togan las dieses Werk in den Jahren 1908 bis 1909
von Anfang bis Ende und fertigte von einem Band ein türkisches Exzerpt an.

Zu jener Zeit gab es in Kazan unter den Kazan-Tataren eine
Gruppe von jungen Reformisten (İslahcılar), die sich, neben einer großen Zahl anderer beabsichtigter Reformen, vor
allem mit dem Gedanken einer Reform des Schulwesens beschäftigten. In diesem Zusammenhang äußert sich Hayit: "Die russische Herrschaft und die Tendenzen der Modernisierungsbestrebungen in der islamischen Welt, besonders innerhalb
der Türkvölker (Krim, Aserbeidschan und Tataren), veranlaßte die Entstehung der Erneuerungsbewegung (Dschadidismus)

---

1) In diesem Zusammenhang äußert sich Togan über das weitere
Schicksal dieses Werkes an der Kazaner Zweigstelle der
Russischen Akademie (Rus İlîmler Akademisinin Kazan Şubesi), eine Darstellung, der man offensichtlich eine gewisse Geringschätzung Togans dieser Institution gegenüber
entnehmen kann: "Wenn wir der Veröffentlichung der Kazaner Zweigstelle der Russischen Akademie der Wissenschaften entnehmen, daß dieses Werk heute in der Bibliothek
der Universität Kazan verwahrt ist, dann erfahren wir,
daß von diesem Werk weder - was das mindeste wäre - ein
russisches Exzerpt angefertigt, ja nicht einmal - nach
der gleichen Verlautbarung dieser Akademie - ein Inhaltsverzeichnis aufgestellt worden ist" (H 61). Verschiedene
Bemühungen Togans, mit Hilfe des türkischen Botschafters
in Moskau, Prof. Ali Muzaffar Bey, Fotokopien dieses Werkes für die Universität Istanbul zu erhalten, scheiterten.
1915, anläßlich Mercanis 100. Todestag, veröffentlichte
die Archäologische Gesellschaft der Universität Kazan eine
zusammenfassende Darstellung von Togans - im Text erwähnten - Exzerpten in russischer Sprache. S. Uluçay-Dickson,
"Published Writings", S. XXXV Nr. 23.

in Turkestan. ... Bei der Modernisierungsbestrebung spielten die Wolga-Türken eine wichtige Rolle. Von denen waren es vor allem Mercani und Ismail Gasprinsky, die die Reformbewegung ins Leben riefen"[1]. In Kazan[2] stieß Zeki Velidi auf einige dieser Reformisten, die eine Zeitung mit dem Namen "Die Reform" (al-İslah) herausbrachten[3] (H 61). Er betrachtete diese Leute als planlos, unentschlossen und die meisten ihrer Vorstellungen als unbegründet. Sie beabsichtigten, ihre tatarischen Moscheehochschulen sowohl in Gymnasien, Ingenieurschulen als auch in Universitäten zu verwandeln. Togan hielt das System der Medresen zwar selbst für veraltet, glaubte jedoch, daß sich aus ihnen lediglich zwei Arten von Schulen gründen ließen, nämlich zum einen Teil theologische Seminare (teoloji seminerleri) nach Art entsprechender christlicher Schulen, und zum anderen Lehrerseminare (muallim mektepleri). Über dieses Thema schrieb er einen Artikel in der tatarischen Zeitung Beyan ül-Haq, der bei den Reformisten auf Ablehnung stieß (H 62). Durch diesen Artikel machte er jedoch die Bekanntschaft des Dichters Abdullah Tokay[4], der mit einem satirischen Gedicht, abgedruckt in Fatih Emirhans Zeitung al-İslah, auf seinen Artikel geantwortet hatte.

---

1) Hayit, Turkestan, S. 188. Über die Erneuerungsbestrebungen existiert eine umfangreiche Literatur, auf die in den Bibliographien von Hayit und Zenkovsky, Panturkism, ausführlich verwiesen wird. Zu Mercani und Gasprinsky s. ib., Turkestan, S. 188 Anm. 31, 32.
2) Über die Stellung der Reformisten zu Panislamismus und Panturkismus s. ib., S. 191 Anm. 46. Über weitere politische Gruppen in Kazan, wie Modernisten und Traditionalisten s. Bräker, Kommunismus und Weltreligionen Asiens, S. 51 f., 53 Anm. 20.
3) Auf weitere Zeitungen und Zeitschriften der Reformisten verweist Hayit, Turkestan, S. 191 Anm. 42.
4) S. Uluçay-Dickson, "Published Writings", S. XXXIII Nr. 7.

Damals hatte es sich Zeki Velidi zur Gewohnheit gemacht, in allen wichtigen Fragen des Lebens den Rat von Persönlichkeiten einzuholen, denen er vertraute. Und so wandte er sich an den berühmten islamischen Gelehrten Musa Carullah Bigi[1] und an den - ebenfalls berühmten - Journalisten und Reisenden Kadi Abdürreşit. Beide Männer rieten ihm, im Land zu bleiben, jedoch nicht die russische Lehrerschule zu besuchen, da diese der Keim allen Übels sei (fesat ocağı) (H 62). Vielmehr sollte er sich an Ahmed Şinqiti wenden, der zu den westlichen bzw. nordafrikanischen 'ulamā' gehörte (mağrip ülemasından) und zu den größten Lehrmeistern der arabischen Sprache zählte. Dieser war als Reisender nach Kazan gekommen, wo er sich ein Jahr aufzuhalten gedachte.

Nachdem Zeki Velidi 1909 die oberste Stufe der Qāsimīye-Medrese in Kazan absolviert hatte, wurde er an der gleichen Anstalt zum Lehrer für türkische Geschichte sowie türkische und arabische Literaturgeschichte ernannt (H 75). 1913 legte er die Prüfung für das Lehramt der russischen Sprache an nichtrussischen Schulen ab[2]. Daneben intensivierte er sein Studium an der philosophischen Fakultät der Universität Kazan. Zu den wichtigsten Fachgebieten, mit denen er sich in dieser Zeit beschäftigte, gehörten orientalische Geschichte und Philologie, und ferner allgemeine und russische Philologie bei den Professoren Katanov und Bogoroditsky[3]. Daneben nahm er Unterricht in russischer Geschichte und russischer Literatur bei Yemilyanov, Latein und Deutsch bei dem Ukrainer Riklitsky, Mathematik bei Arbakov, römische

---

1) Togan, "Musa Carullah Bigi, mesleği ve şahsiyeti", Tasviri Efkâr (Sept. 23, 24, 1949). Togan, "Musa Carullah Bigi'nin hayatı ve eserleri", Selâmet 37 (1949). Weitere bibliographische Angaben konnten nicht ermittelt werden.
2) Jansky, "Armağan", S. XVII f.
3) Zusammen mit letzterem trieb Togan experimentelle Phonetikstudien zur Sprache der Baschkiren und Tataren (H 103).

Geschichte bei Chvostov und Soziologie bei Karayev[1] (H 103). Zeki Velidi ergänzte diese Studien durch eine umfangreiche Lektüre und begann daneben mit ersten wissenschaftlichen Arbeiten.

Damals begannen in Togans ideologisch-kulturellem Weltbild sich jene Gedanken herauszukristallisieren, die sich während der folgenden Jahre zur Ideologie des Panturkismus konsolidieren sollten. Richtungsweisend für diesen Entwicklungsprozeß war zunächst Togans Auseinandersetzung mit den Werken von Mercani, Plechanov und Barthold (s. S. 78 Anm. 1)[2]. Dabei sind aber auch die beiden Forschungsreisen zu berücksichtigen, die Togan jeweils für einige Monate nach Fergana und nach Buchara führten[3]. Denn sicherlich boten diese Unternehmungen oft genug Gelegenheit, in der Konfrontation mit den politischen, sozialen und wirtschaftlichen Verhältnissen Turkestans, die Erkenntnisse, die er aus der oben genannten Lektüre gewonnen hatte, auf die Realität anzuwenden.

---

1) Auf die Schreibweise der angegebenen Namen ist kein völliger Verlaß. Ihre korrekte Form läßt sich jedoch kaum feststellen.

2) Die Memoiren enthalten darüber mehr als 40 Angaben, von denen hier die wichtigsten genannt werden sollen. Lektüre: Ein zweibändiges Werk Murad Remzis über die russischen Massaker an Muslimen; Ibn Quṭaiba: Al-Imāma was-siyāsa; Mercani: Büyük Yol. Bartholds Werk zur Geschichte Zentralasiens; Zwölf Vorlesungen über die Geschichte der Türken Mittelasiens, Berlin 1935. Ohne nähere Angaben Publikationen von westlichen Orientalisten wie Brockelmann, Goldziher und Baron von Rosen. Wissenschaftliche Arbeiten über Ibn Ḥaldūn, Ibn Fadlān, Bīrūnī, Mercani und zur Geschichte und Kultur der Baschkiren und der zentralasiatischen Türken. Verschiedene dieser Arbeiten wurden veröffentlicht. Vgl. Uluçay-Dickson, "Published Writings", Nr. 1 ff, 8, 16 ff, 20. Weitere Angaben H 64-134.

3) Die erste historisch-ethnographische Studienreise unternahm Togan im Auftrag der Gesellschaft für Archäologie, Geschichte und Ethnographie der Universität Kazan im Herbst 1913. Die zweite Reise fand im Auftrag der Russischen Akademie der Wissenschaften und des Internationalen Komitees zur Erforschung Zentralasiens im Sommer 1914 statt (H 116-19 und 125-32).

IV. Vertiefung der ideologisch-kulturellen Weltanschauung

1) Das religiöse Weltbild

(a) Der Islam

Bis zu seinem 18. Lebensjahr entsprach Zeki Velidi hinsichtlich der Auffassung und Ausübung der islamischen Religion weitgehend den Vorstellungen seiner Eltern[1], so wie sie es ihm seit der frühesten Kindheit beigebracht hatten. Doch dann, 1910, kam es zu einem Vorfall, der das Verhältnis zwischen Zeki Velidi und seinen Eltern - insbesondere zu seinem Vater - erschütterte und für einige Zeit schwer belastete (H 95): Seit zwei Jahren nämlich hatte sich der Sohn in Fragen der Religion und des Glaubens der Überwachung des Vaters entzogen und die täglichen Gebetspflichten nur noch unregelmäßig verrichtet. Dennoch befreite er sich in seinen Überlegungen und Handlungen keineswegs völlig vom religiösen Einfluß seiner Eltern (H 80).

Zu dieser Zeit begann er, das Surat Kahvehanesi in einem nicht näher bezeichneten Ort im Südural zu besuchen, ein von Intellektuellen frequentiertes Lokal, wo er sich an Gesprächen und Diskussionen über Themen des Glaubens und der Religion beteiligte. In weiteren Gesprächen mit zwei Freunden erweiterte und vertiefte er diese Gedanken, die er schließlich in einer siebenseitigen Niederschrift festhielt, gleichsam als Manifest seines neu gefundenen Islamverständnisses, von dem er Zeit seines Lebens nicht mehr abwich (H 94). Aufgrund eines unglücklichen Umstandes gelangten diese Seiten, die Zeki Velidi sorgfältig verborgen hatte, in die Hände seines Vaters, der von den Ausführungen seines Sohnes schockiert war. Tagelang sprach er kein Wort mit ihm,

---

1) Wie die meisten Türken, so gehörten auch Zeki Velidis Eltern dem sunnitischen Islam hanafitischer Prägung an (H 92).

die Mutter weinte, über dem Haus lastete Weltuntergangsstimmung (H 95). Als dieser auch für Zeki Velidi nur schwer erträgliche Zustand zwei Wochen angehalten hatte, wurde eine Art Familiengericht einberufen, dem unter anderen auch Habibnacar beiwohnte. Nach stundenlangen Erörterungen, die immer wieder von Gebeten unterbrochen wurden, rangen sich die Anwesenden zu einem gewissen Verständnis für Zeki Velidis Gedanken durch. Sie räumten ein, "schließlich sei er weit mehr als sie selbst außerhalb der baschkirischen Heimat mit anderen fremden, religiösen und weltanschaulichen Meinungen und Ideen konfrontiert worden. Solle er also getrost gemäß seiner neuen Vorstellungen leben, wenn er dabei nur dem Islam treu bleibe... Doch solle er diese fremden Vorstellungen, die ihm in den Sinn gekommen seien und die das Volk nicht würde verstehen können, niemandem in diesem Land mitteilen, noch schriftlich festhalten, denn daraus würden ihre Feinde Nutzen ziehen und sie brächten schließlich seinen Vater, ihn [Habibnacar] und ihre ganze Familie in Bedrängnis" (H 96). Aus dieser Feststellung geht nicht eindeutig hervor, von welchen Feinden derartige Repressalien zu erwarten gewesen wären. Allem Anschein nach wurde aber befürchtet, daß Zeki Velidis liberale Gedanken in Baschkirien sowohl den orthodoxen 'ulamā', als auch einflußreichen russischen Persönlichkeiten der politischen Verwaltung mißfallen würden. Dadurch sah man Zeki Velidis zukünftige politische Laufbahn gefährdet, die damals seine Eltern und ein gesellschaftlich einflußreicher Teil ihrer Freunde ins Auge gefaßt hatten. Ihr Plan sah vor, daß Zeki Velidi zunächst in der russischen Stadtverwaltung von Orenburg, später eventuell auch zusammen mit Matanov im russischen Parlament, in der Duma, tätig sein sollte[1].

---

1) Zur Zusammenarbeit zwischen Matanov und Togan und zur Gründung des baschkirischen Parlaments (kurultai) s. Zenkovsky, Panturkism, S. 196 f.

In den Memoiren gibt Togan eine Zusammenfassung seiner damaligen Gedanken (H 93 ff). Ergänzt worden waren sie durch vorausgegangene Überlegungen und Gespräche mit seinen Freunden Kol'a Şalygin und Osman, einem seiner Schüler (H 80-6). Die daraus zu gewinnenden Angaben über die islamische Religion lassen sich nicht ohne weiteres in einen systematischen Zusammenhang bringen. Allerdings verfolgte Togan bei ihrer Abfassung auch keineswegs den Gedanken einer theologischen oder religionswissenschaftlichen Abhandlung. Wir glauben, dem Autor am ehesten gerecht zu werden, wenn wir in dem folgenden Überblick auf den Versuch einer systematischen Zurechtrückung verzichten. Vielmehr soll bei dieser Betrachtung versucht werden, Togans Aussagen zur islamischen Religion, die in den Memoiren nicht immer klar und eindeutig sind, durch einige weiterführende Gedanken zu ergänzen, die er etwa vierzig Jahre später in einem Artikel darlegte, der ebenfalls - wenn auch aus einer anderen Perspektive - Fragen des religiösen Verständnisses behandelte[1].

Die Betrachtungen, die Togan über die kosmologischen und eschatologischen Glaubensvorstellungen des Menschen anstellt, stützen sich im wesentlichen auf entsprechende Darstellungen der Bibel und des Korans. Dabei differenziert er zwischen den Vorstellungen des Intellektuellen (münevver) auf der einen Seite und denen des gemeinen Mannes (avam) auf der anderen Seite. Für den intellektuellen Menschen besteht die Religion aus dem Glauben, daß im Universum ein denkendes Wesen existiere, eine steuernde Macht (şuur, bir şuurlu varlık), die es in drehender Bewegung halte[2]. Das

---

1) Togan, "Kritische Geschichtsauffassung in der islamischen Welt des Mittelalters", Proceedings of the Twenty Second Congress of Orientalists held in Istanbul, September 15th to 22nd, 1951. Edited by Zeki Velidi Togan. Vol. I, p. 76-85.
2) Diesen Standpunkt vertritt Togan auch in einem Gespräch mit Lenin, 1917 (H 285). Vgl. "Panislamismus und Panturkismus", S. 95.

Leben des Menschen ist nicht auf die Zeitspanne beschränkt, die seine Seele im Körper verbringt, vielmehr wird es nach dem Tod eine Art geistiges, vom vergänglichen Leib losgelöstes Leben geben. Die Vorstellungen des gemeinen Mannes decken sich jedoch mit denen des Intellektuellen nur zum Teil. Denn jener "faßt Gott wie einen Menschen auf, der in seiner eigenen Sprache spricht, und er schreibt ihm sogar Ausdrücke, wie z.B. Namen und Eigenschaften, in seiner eigenen Sprache oder in den Sprachen der Hebräer (İbranî) oder Syrer (Süryanî) zu. Er glaubt auch, daß der Körper zusammen mit seinen Knochen, die ihn auf der Erde getragen haben, vom Grab herausgehoben und von Gott wie vor einem Gerichtshof verhört werden wird. Indes aber gibt es Gesetze, Naturgesetze (tabiat nizamları), die Gott - der neben der Erde weitere Milliarden, vielleicht sogar völlig unzählbar viele Welten geschaffen hat und sie lenkt - lediglich erlassen hat, ohne sich weiter darum zu kümmern. Denn es ist nicht seine Aufgabe, sich mit den Angelegenheiten eines Ahmed und Mehmed, gleichsam wie mit dem Streit zwischen Ameisen, zu beschäftigen; das ist die Aufgabe der Naturgesetze, die er erlassen hat" (H 93). - Mit diesen Worten berührt Togan bereits jenen umfangreichen Themenkomplex, dessen eingehende Untersuchung für ihn in seiner Eigenschaft als Muslim und als Historiker von großer Wichtigkeit ist. Es geht dabei einmal um die Frage nach der Vorherbestimmung aller Geschehnisse, sowohl der Abläufe in der Natur als auch im Tun des Menschen, dann aber um die Frage nach dem Verhältnis zwischen Religion und Wissenschaft, genauer um die Frage nach der Authentizität von Überlieferungen im religiösen Schrifttum für die Historiographie. Dazu legt Togan folgenden Gedankengang dar: Die islamische Theologie glaubt an Gottes uneingeschränkt herrschenden Willen und an die Vorherbestimmung. Doch ist es nicht der göttliche Wille an sich, der den Ablauf aller Ereignisse a priori festlegt, sondern Gott hat Naturgesetze erlassen bzw. aufgestellt, die diesen Ablauf regeln. So vollzieht sich die Entwicklung aller Dinge, sowohl die Bewegung des Weltalls, als auch die

Angelegenheiten eines Ahmed und Mehmed, nach einer bestimmten "Gewohnheit" Gottes (sünnet), nach einem festen und unvergänglichen Prinzip also, das diesen Gesetzen innewohnt[1]. Es handelt sich dabei um das Kausalitätsprinzip, d.h. um die gesetzmäßige Beziehung zwischen Ursache und Wirkung. In der Epoche der griechischen Historiker und Ethnographen Thukydides[2] und Polybios im zweiten Jahrhundert v.Chr. war ein geschichtsphilosophisches System aufgestellt worden, das diesen Grundsatz von den Kausalverhältnissen enthielt. Auch die Araber wußten von diesen Ideen, doch beschränkten sich ihre diesbezüglichen Überlegungen allein auf die Bereiche der Medizin, der Philosophie, der Mathematik, der Geographie und der Astronomie, denn von diesen hatten sie Übersetzungen. Im Gegensatz dazu wurde im Bereich der Geschichtsforschung kein einziges der griechischen und lateinischen Werke, die die Geschichtsphilosophie wiederspiegeln, wie z.B. eben die des Thukydides und des Polybios, ins Arabische übersetzt.

Zusammengefaßt ergibt sich zunächst folgendes Bild: Togan lehnt offensichtlich die für den Islam charakteristische These der Prädestination ab, indem er Gott die Aufgabe, sich um das Schicksal eines jeden 'Ahmed und Mehmed' zu kümmern, abspricht. Er betrachtet also den Menschen als ein Wesen, das seine Entscheidungen frei nach seinem eigenen Willen trifft, ohne dabei von irgendeiner höheren Macht beeinflußt zu werden; lediglich sein physisches Leben wird von der Geburt bis zum Tod von den Naturgesetzen - also von den Gesetzen der Physik und Chemie - beeinflußt und gelenkt. Insgesamt sind Togans Ausführungen darüber jedoch zu oberflächlich

---

1) Togan, "Kritische Geschichtsauffassung", S. 76 f.
2) Auf die Sonderstellung, die Thukydides unter den Historikern der Antike wie Herodot, Livius, Tacitus, Sse-ma Ts'ien und Sse-ma Kuang einnimmt, verweist Plumb, Die Zukunft der Geschichte, S. 17 f. Daneben auch Finley, The Greek Historians, S. 7-14.

und zu knapp, als daß man darin noch weiteren Fragen, wie
z.B. der Verantwortlichkeit, der Ethik und der Moral, nachgehen könnte.

Togan stellt dann eine wiederum kurz gehaltene Betrachtung
über das Prophetentum an, das sich ihm nicht nur als Vermittler mystisch-religiöser Lebenserfahrungen, sondern
auch als Überlieferungsmöglichkeit historischer Ereignisse
darstellt (H 93 f). Im Verlauf dieser Betrachtung kommt
er schließlich wieder auf das oben bereits angeschnittene
Thema der Authentizität religiöser Schriften zu sprechen.
Bemerkenswert ist zunächst, daß Togan den Propheten nicht
als einen Menschen betrachtet, dessen Denken und Handeln
von göttlicher Inspiration bestimmt wird, wie es etwa der
islamischen Prophetendefinition entspräche. Vielmehr sieht
er ihn als einen außergewöhnlichen Menschen, der durch bewußt angestrebte Meditation bestimmte geistig-seelische
Erfahrungen gewonnen hat. Als Ergebnis langer und wohldurchdachter Meditationen über Anfang und Ende des Lebens und
der Welt und über Themen der Moral und des zukünftigen Lebens haben die Propheten verschiedene Dinge in Erfahrung
gebracht, die anderen Menschen nicht bekannt sein konnten.
Weil sie die Geheimnisse der Welt kannten und in die Nähe
Gottes gerückt waren, genossen sie bei den Menschen, unter
denen sie auftraten, eine besonders bevorzugte (mümtaz)
Stellung. Bei primitiven Stämmen, wie z.B. bei den Türken
Zentralasiens, traten derartige Propheten als Schamanen in
Erscheinung, die die religiösen Zeremonien leiteten. Bei den
semitischen Stämmen, die im Vergleich zu den Türken höher
zivilisiert waren, bildeten die Propheten eine eigene Klasse
(peygamberler zümresi). Diese religiösen Führer, die meist
des Lesens und Schreibens unkundig waren, entstammten der
Schicht des einfachen Volkes (avam tabakasından), dem sie
hinsichtlich ihres kulturellen Niveaus sehr nahe standen.
Sie überlieferten durch stetiges Einreden (telkin) dem Volk
geschichtliche Ereignisse in der Art, die ihm vertraut war
und an die es glaubte.

Die heiligen Bücher der Juden, Christen und Muslime, nämlich das Alte und das Neue Testament sowie der Koran, enthalten u.a. eine große Zahl von Berichten, die nach Togans Ansicht "nicht Geschichte, sondern Sage und Epos sind". Das ist vor allem beim Koran auf den Einfluß entsprechender persischer und arabischer Überlieferungen der vorislamischen Zeit zurückzuführen. Über lange Zeiträume hinweg wurden diese Berichte von Personen wie den oben genannten Propheten vorwiegend mündlich überliefert, bis sie schließlich irgendwann schriftlich niedergelegt und zum Teil auch kodifiziert wurden. In seiner Eigenschaft als Historiker stellt sich Togan nun die Frage, ob es sich bei den Berichten in den heiligen Büchern um authentische Darstellungen handelt, die sich auf eine historische Begebenheit zurückführen lassen, oder um Sagen und Epen, deren Authenzität offensichtlich nicht zu belegen ist. Nun gibt es freilich Sagen und in größerer Anzahl auch Epen, denen durchaus ein geschichtliches Ereignis zugrundeliegt, wie allein das von Togan selbst zitierte baschkirische Edige-Epos beweist (H 4, 116). Diese Frage ist deshalb von großer Wichtigkeit, weil die Kenntnisse von den Anfängen der Geschichte der Menschheit oft einzig und allein auf den religiösen Überlieferungen der damaligen Völker beruhen. Als Grundlage seiner eigenen Erwägungen dient Togan al-Bīrūnīs[1] Abhandlung mit dem Titel al-Ātār al-bāqiya, in der in rationalistischer Art und Weise die Unterschiede zwischen den hebräischen, griechischen und syrischen Texten des Alten und Neuen Testaments und der Masora behandelt werden[2].

Die Beweisführung und die Erkenntnisse, die sich aus dieser kritisch-rationalistischen Betrachtung ergeben, bilden die

---

1) Boilot, "Maître Abū l-Rayḥān al-Bērūnī, un précurseur de la science moderne et du dialogue culturel au XIe siècle", Mideo 11 (1972), S. 353-64. Bulgakov, Žizú i trudy Beruni, Taškent 1972. Hier findet man eine umfassende Darstellung über das Leben und Werk al-Bīrūnīs. Daneben ist eine umfangreiche Bibliographie westlicher und östlicher Autoren angegeben. Roemer, "Al-Bīrūnī in Germany", Universitas 15, Nr. 4 (1973), S. 337-43.

2) Togan, "Kritische Geschichtsauffassung", S. 80.

Grundlage für Togans Verständnis der islamischen Religion und letztlich auch für seinen Glauben an diese. Im Rahmen dieser Betrachtung geht er von einem zentralen Problem der muʿtazilitischen Schule aus, nämlich von der Frage, ob der Koran erschaffen sei oder nicht. Nach deren Auffassung hat Gott den Koran nicht mit Buchstaben und Worten herabgesandt, sondern lediglich dessen Inhalt, der einen bestimmten Sinn (mana) offenbart, bzw. offenbaren soll. Um diesen Sinn, diese Bedeutungsinhalte ihren Zeitgenossen klarzumachen, pflegten die Propheten Geschichten und Gleichnisse (kıssa ve darbımeseler) vorzutragen, in denen sie sich bestimmter Ausdrucksweisen (ifade tarzları) bedienten, die den Arabern vertraut waren. Das heißt, der Sinn wird durch Geschichten, Volksepen und Gleichnisse veranschaulicht, an die die Araber glaubten. Togan kommt schließlich zu folgendem Schluß: Sobald wissenschaftlich feststeht, welche der Geschichten im Koran arabische Gleichnisse sind, die dieser Ausdrucksstil prägt (ifade üslûbunu teşkil eden Arap darbımeseleri), und welche von ihnen die Beschreibungen wahrer geschichtlicher Ereignisse sind, wird es sich von selbst zeigen, daß die Überlieferungsketten der christlichen Missionare, die die alt- und neutestamentlichen Darstellungen der israelitischen Überlieferungen als eine Wahrheit betrachten, gegenstandslos sind (H 94). In diesem Zusammenhang weist Togan an anderer Stelle darauf hin, daß seine Überlegungen zu Fragen der Koraninterpretation auf die muʿtazilitische Schule zurückgehen, der er aber nicht angehörte (H 593).

Es geht aus Togans Äußerungen nicht eindeutig hervor, inwieweit er hinsichtlich des historiographischen Wertes zwischen Gleichnissen einerseits und Volksepen und Legenden andererseits unterscheidet. Offensichtlich ist diese Differenzierung aber notwendig, will man Togans weitere Gedankengänge verfolgen. Er verweist nämlich auf zwei arabische Epen, die beide auf ein historisches Faktum zurückgehen.

Beispielsweise läßt sich die im religiösen Verständnis
der semitischen Völker verwurzelte Iram-Erzählung auf jene
drei Säulen und Pfeiler zurückführen, die noch heute in den
Ruinen von Baalbek zu finden sind. Dieser Umstand war auch
den Arabern aus Beschreibungen im Koran bekannt. Er war
ebenso ein Teil ihres Volksepos' wie der Bericht des Korans,
der mit den Worten "als Ibrāhīm und Ismāʿīl die Grundmauern
der Kaʿba legten"[1] in eindeutiger Weise auf die Entstehung
der Kaʿba Bezug nimmt. Togan will damit sagen, daß die Religion,
der er angehört, sehr alt sei und daß es keine Dinge
gebe, die der Prophet selbst erdichtet habe. Nachdem er den
Koran in dieser Weise verstanden hatte, wurde der Islam für
ihn eine noch liebenswertere Religion. So war er auch noch
Jahrzehnte später, zu der Zeit, als er seine Memoiren niederschrieb,
von der Richtigkeit der Gedanken überzeugt, die
ihn damals im Alter von 20 Jahren bewegt hatten (H 94 f.).

In Anlehnung an al-Bīrūnī und Ibn Ḥaldūn[2] beruft sich
Togan als Historiker auf eine kritisch-rationalistische
Arbeitsmethode in der Historiographie. Derzufolge "ist
es in unklaren Fällen erste Bedingung, Überlieferungen
und Ideen gegenseitig der Methode des Vergleichens zu unterziehen,
sich von Gewohnheiten freizumachen, die einem die
Augen vor der Wahrheit verschließen, und sich über den Fanatismus,
den Chauvinismus, über gefühlsmäßige Reaktionen
und den Egoismus, wie sie die Menschen verblenden, zu erheben".
Diese Einstellung, die der Historiker Togan sich

---

1) Koran 2, 127. Zur Iram-Erzählung s. ib. 89, 6 ff.
2) Togan, "Kritische Geschichtsauffassung", S. 76-85: Im
   Rahmen dieser Abhandlung verweist Togan auf eine Reihe
   weiterer Personen, die sich mit Geschichte und Geschichtsschreibung
   befaßten; so Ibn Miskawayh, ein Zeitgenosse
   al-Bīrūnīs, Ibn Saʿīd al-Maġribī (gest. 1270), Rašīd ad-
   Dīn aṭ-Ṭabīb (gest. 1317), Tāǧ ad-Dīn as-Subkī (gest.
   1370), Muḥyī' ad-Dīn al-Kāfiyeǧī (verf. 1462) und Šams
   ad-Dīn as-Saḥāwī (gest. 1499). Zu Togans Publikationen
   über Ibn Ḥaldūn s. Uluçay-Dickson, "Published Writings",
   Nr. 20. Über al-Bīrūnī ib., Nr. 70, 81.

selbst gegenüber in scheinbar dogmatischer Strenge vertritt, relativiert er sowohl gegenüber dem Intellektuellen als auch gegenüber dem einfachen Mann. Denn beide, so meint er, mögen den Schilderungen in den heiligen Schriften Glauben schenken, sei es als historisches Faktum, oder sei es auch, daß sie ohne an Wort und Satz haften zu bleiben, lediglich über deren Sinn nachdenken. Es bestehe aber keine Veranlassung, deswegen den einen oder anderen aus diesen beiden Gruppen der Gotteslästerung zu zeihen (H 95).

Um diesen religiösen Liberalismus zu unterstreichen, verweist Togan auf den Mystiker Ǧalāl ad-Dīn Rūmī[1]. Da diesem die verschiedenen Ausdrucksweisen (ifade tarzları) des Korans wie kaum einem anderen vertraut waren, fügte er seinem großen Werk, dem Maṯnawī, stets weitere Verse hinzu. Dabei lag ihm wenig daran, ob diese Gedichte den historischen Realitäten entsprachen oder nicht. Ihm kam es einzig und allein auf die Inhalte an, Parabeln, Aphorismen, Sinneseindrücke, mystische Erfahrungen usw., die er in seinen Versen zum Ausdruck bringen wollte. - Wenn es auch unter den Türken Asiens Propheten gegeben hätte[2], dann hätten sie nach Togans Ansicht Volksepen wie das Oghuzen-[3] und das Edige-Epos heranziehen können, um durch Abstraktion verschiedener Charaktere, die in diesen Werken geschildert sind, die Türken auf Tugenden und Qualitäten, z.B. Treue und Gerechtigkeit, hinzuweisen.

Der bisherigen Betrachtung lag Togans religiöses Verständnis aus der Sicht des Geisteswissenschaftlers, insbesondere des Historikers zugrunde. Im Kapitel "Entwicklungen in meinen Betrachtungen zur Religion" (dinî telâkkilerimde gelişmeler) schildert Togan die Gedanken, die im Verlauf

---

1) Togan, Review of G.Richard, Persiens Mystiker Djelāleddīn Rūmī, ZDMG XLII (1934), pp. 151-3.
2) Diese Bemerkung stellt einen gewissen Widerspruch zu Togans Feststellung auf S. 60 der Arbeit bzw. H 95 dar, wo von den Schamanen Zentralasiens die Rede ist, die die Funktion von Propheten innehatten.
3) Togan, Oğuz Destānı, Reşîduddîn Oğuznâmesinin terceme ve tahlîli, İstanbul 1972.

einer mehrmonatigen Entwicklungsphase zum Ausgangspunkt und schließlich zur Basis seines neuen Islamverständnisses wurden. Dabei wird im Unterschied zu seinen bisherigen vorwiegend rationalen Überlegungen zur Religion nunmehr das irrationale Charakteristikum der Religion angesprochen, nämlich der Glaube (H 80-6). Etwa um das Jahr 1910 las Togan verschiedene Publikationen der sozialdemokratischen Partei Rußlands, in denen die Existenz Gottes und die Religion völlig geleugnet wurden. Doch hat Togan nie Schriften gelten lassen, in denen bestritten wurde, daß das Universum von Naturgesetzen gelenkt werde, die von einem umsichtigen und denkenden Wesen (varlık), das verschiedene Gestalt annehmen könne, eingesetzt worden seien. Gott und die Religion bilden für ihn eine reale Macht, die über der Menschheit steht. Jeder, der das leugnet, muß sich notwendigerweise von seinem Volk lösen und für sich selbst leben. Aus diesen Sätzen spricht deutlich das Prinzip der islamischen Gemeinschaft ǧamāʿa, nach dem Abweichler und Neuerer ausgeschlossen sind.

Auf die Frage einiger seiner Freunde nach dem Inhalt seiner Religion gibt Togan zur Antwort: "Der Mensch tut seiner Bewunderung gegenüber dem Schöpfer der Welt in der Art und Weise Genüge, die dem Zeremoniell dieser oder jener Religion entspricht; in Stunden der Not flüchtet er zu ihm. Daß er dabei Zeremonien oder Riten beobachtet, die ihn seine Eltern gelehrt haben, darf kein Hindernis für freies Denken über religiöse Themen sein. Der Mensch darf der Religion nicht erlauben, in die Naturordnung einzugreifen, stärker seinen Willen zu beeinflussen und sich von ihrer Pranke packen zu lassen. Er muß den Islam als eine Religion der seelischen Kraft auffassen (maneviyat dini olarak). Richtig ist diese Aussage des Korans 'Wenn auf der Welt die Meere [voll von] Tinte wären und es notwendig wäre, alle Geheimnisse des Universums, die sich auf Gott beziehen, niederzuschreiben, dann würden diese Meere erschöpft werden, aber die Geheimnisse der Welt gingen nicht zur Neige' (Koran 18, 109). Mein Interesse an der Religion reicht so weit, wie dasjenige Drapers[1]. Mein islamischer Glaube entspricht dem des Abbasidenchalifen Ma'mūn, der wußte, daß der Koran erschaffen (maḫlūq) war, und dem der liberalen Muʿtaziliten. - Obwohl ich in dieser Art und Weise über Religion und Islam dachte, glaubte ich, daß ich mich entschieden vor deren vielfältigen Einmischungen schützen müsse. Rituelles Gebet und Verbotenes (namaz ve muharremat) waren für mich zu einer großen Last geworden" (H 82).

Am 10. Mai 1910 zog Togan endgültig die Konsequenzen: Er besucht die Taş Ayak Yerminkesi-Messe in Kazan, um sich dort endgültig von der religiösen Last zu befreien. Er geht in eine russische Kneipe, die er noch nie zuvor besucht hatte, wo er verbotene Speisen und alkoholische Getränke zu sich nimmt. Anschließend begibt er sich - wenngleich unter Schwierigkeiten wegen des Alkohols - zum Anwesen der Familie Şalygin, wo die Diskussion über die Religion fortgesetzt wird.

Togans Gespräche mit seinen Freunden über das neu gewonnene Religionsverständnis dauerten anschließend noch zwei Monate an (Mai und Juni 1910). Als deren Ergebnis faßte er Entschlüsse, an denen er Zeit seines Lebens festhielt: Er hält dem Islam auch weiterhin die Treue, aber er tut dies nun gemäß seinem eigenen Verständnis. Das heißt, das bisher nur gelegentlich betriebene Kartenspielen wird völlig eingestellt; geistige Getränke werden in Maßen genossen; das rituelle Gebet wird nur noch dann verrichtet, wenn die Seele danach verlangt.

---

[1] Draper, History of the Conflict between religion and science, London 1904.

Während Togans bisherigen Betrachtungen im wesentlichen seine Aufzeichnungen aus der damaligen Zeit zugrunde liegen dürften, findet sich an einer Stelle ein Hinweis aus der Zeit der sechziger Jahre, der Togans Interesse an Fragen der Religion verdeutlicht (H 95): "Als ich in letzter Zeit aus dem Werk des englischen Wissenschaftlers Kenneth Cragg mit dem Titel "Studien über den zeitgenössischen Islam"[1] erfuhr, daß die Geschichten des Korans in der arabischen Welt und im Westen eine Reihe von Wissenschaftlern veranlaßt haben, darüber vielbändige Werke zu verfassen, war ich von Dankbarkeit erfüllt, daß ich seit 1910 die Möglichkeit gehabt hatte, mich mit anderen Themen zu befassen und auch keine Notwendigkeit verspürt hatte, über diese Themen Bücher zu lesen und mir darüber den Kopf zu zerbrechen". Wie aus dieser Bemerkung unzweideutig hervorgeht, gehörte die Religion tatsächlich nicht zu denjenigen Gebieten, denen sich Togan später noch mit großem Eifer und Interesse gewidmet hätte. Wenn er dennoch als überzeugter Muslim seiner Religion die Treue hielt, so geschah das aus tiefem Glauben und aus einer Überzeugung heraus, die auf einem aufgeklärten Islamverständnis beruhten, das sich gegen jene offizielle Kirchenfrömmigkeit (sofuluk) wandte, wie sie in Zeki Velidis Jugend in Baschkirien auftrat. Dabei kommt Togans Betrachtungsweise der philosophische Rationalismus der Muʿtaziliten entgegen, die vernunftgemäße Kritik des traditionsgebundenen Volksglaubens, die zum Angelpunkt seines religiösen Verständnisses wird. Die entsprechende Parallele zu seiner Geschichtsauffassung ist naheliegend, nicht zuletzt dank der starken Affinität von Historiographie und Koranwissenschaft in der frühislamischen Zeit, mit der er sich im Bemühen um eine Erneuerung seiner islamischen Glaubensvorstellungen be-

---

1) Cragg, Counsels in contemporary Islam, Edinburgh 1965.

schäftigt. Ihre fundamentale Erweiterung und Vertiefung
erhalten Togans Ideen durch die Auseinandersetzung mit
der kritisch-rationalistischen Geschichtsbetrachtung al-
Bīrūnīs. In dessen Tradition stand der iranische Historiker
Šams al-Īǧī[1], ein Zeitgenosse Ibn Ḫaldūns, der in seinem
Werk zur Philosophie der Geschichte und der Chronologie
der Völker seine Erkenntnisse über Fragen der Methodik
in der Geschichtsschreibung zusammen mit solchen des religiösen Verständnisses darstellt. Togans eigene Geschichtsphilosophie beruht im wesentlichen auf diesen Erkenntnissen,
denen abschließend die folgende kurze Betrachtung gelten
soll[2].

In der Auseinandersetzung mit Fragen der Entstehung des
Weltalls und des Menschen dürfen sich die Überlegungen
des Intellektuellen nicht allein auf jene universalen
Zusammenhänge beschränken; noch weniger darf er entsprechende Berichte in den heiligen Büchern ablehnen, solange
deren Unrichtigkeit nicht wissenschaftlich erwiesen ist.
Die Grundlage für die Analyse derartiger Fragen ist jedoch
nicht die Überlieferung (naql), sondern die Vernunft (ʿaql)
und das Experiment (taǧriba). Die empirischen Erkenntnisse,
zu denen die Naturwissenschaften im Lauf der Zeit gelangt
sind, beweisen allein das Vorhandensein der Gesetze Gottes.
Somit wird durch die Entdeckung dieser Gesetze die Größe
Gottes offenbar. Was also den Ablauf der Natur, sowohl des
Makrokosmos als auch des Mikrokosmos (etwa im Sinn von

---

1) Er legte in Erweiterung der Gedanken Ibn Ḫaldūns die
Gesetze der Geschichtskritik dar. Sein Werk trägt den
Titel Tuḥfat al-faqīr ilā ṣāḥibi s-sarīr. Das für Togan
wichtigste Kapitel daraus lautet "Anfänge der Geschichtswissenschaft und das Kriterium der Kritik der Nachrichten"
(Mabādiʾ ʿilmi t-tārīḫ wa-miʾyār naqdi l-aḫbār).
2) Togan, "Kritische Geschichtsauffassung", S. 84 f.

aflāk und ʿanāṣir), betrifft, so müssen wir uns nach den Naturgesetzen orientieren, denn sie entsprechen der Gewohnheit Gottes, das Universum zu regieren. Ein entsprechender Maßstab - nämlich das aus den Naturgesetzen abzuleitende Kausalitätsprinzip - ist auch auf die kritische Betrachtung der Geschichte der Menschheit anzuwenden.

(b) Das Christentum

Dem Christentum gegenüber nimmt Togan eine völlig ablehnende Haltung ein. 1908 hatte er das Alte und das Neue Testament gelesen und sich daneben mit verschiedener Literatur darüber befaßt. Dazu gehörten die Abhandlungen des Russen Šiškov[1], der feststellt (H 80): "Jesus war keine historische Persönlichkeit, sondern eine Erfindung der christlichen Geistlichen", sowie zwei Gedichte von Abū l-ʿAlāʾ al-Maʿarrī, der "sich sowohl darüber wundert, daß sich die Brahmanenkönige und ihre Helfer ihre Gesichter mit dem Urin von Kühen waschen, als auch darüber, daß die Christen einen schwachen, hilflosen Menschen (...) den Sohn Gottes nennen". Noch mehr wächst Togans ablehnende Haltung, als er im Neuen Testament liest, daß die Ehebrecherin (Johannes VIII, 1-15) nicht nach dem damals geltenden mosaischen Gesetz - also zur Steinigung - verurteilt, sondern von Jesus begnadigt wird mit den Worten: "Ihr richtet nur nach dem Fleisch, ich aber richte niemanden". Togan betrachtet dieses Verhalten als Heuchelei, der Philosophie einer schwachen Gemeinschaft entsprechend. Und er geht mit

---

1) Es dürfte sich dabei um Admiral Aleksandr Smenevič Šiškov (1754-1841) handeln, der den literarischen Kreis der "Archaisten" in Petersburg leitete. Diesem Kreis gehörte auch S.T. Aksakov an (s. oben, "Die Kontinuität in seiner geistigen Entwicklung", S. 15 Anm. 2).

Draper[1] konform, der meint, daß "das Christentum lediglich
eine Religion sei, die ursprünglich ein Teil der Juden, die
unter der römischen Knechtschaft stöhnten, zum Leben erweckt
habe". - Für Togan enthält die Bibel - offensichtlich im
Vergleich mit den Ḥadīten des Koran - keine verbindlichen
Richtlinien, welche aus einer Sammlung von Geschichten bestehen und dazu dienen, das innere und äußere Leben des Menschen (insanın iç ve dış hayatı) zu regeln (H 81). - Die
hier von Togan gemachten Aussagen enthalten verschiedene
Unklarheiten und Inkorrektheiten: Geht man davon aus, daß
Togan unter Bibel[2], dem allgemeinen Usus entsprechend, nicht
nur das Alte sondern auch das Neue Testament versteht, so
ist seine erste Feststellung falsch, denn bereits das Alte
Testament enthält in den fünf Büchern Mosis lange Listen mit
Vorschriften, Verboten, Verhaltensmaßregeln etc., von denen
sich eine Vielzahl im Koran wiederfindet (wie z.B. auch die
bereits erwähnte Strafe der Steinigung bei Ehebruch). Nimmt
man dagegen an, daß er unter "bible" nur das Neue Testament
(İncil) versteht, so könnte seine Behauptung zumindest in
soweit ihre Richtigkeit behalten, als daß im Neuen Testament
die Thora durch Jesus aufgehoben worden ist[3]. Zwar finden
sich auch im Neuen Testament von Jesus aufgestellte ethisch-
moralische Richtlinien, die - ganz im Sinne Togans - die
Aufgabe haben, das Leben des Menschen zu regeln, doch steht
über diesem Komplex im krassen Gegensatz zur Thora der Begriff der Vergebung, der Erlösung des Menschen aus seiner
Sündhaftigkeit durch den Kreuzestod Christi. Dieser Gedanke
wird jedoch vom Islam - wie auch von Togan selbst - radikal

---

1) S. oben "Der Islam", S.66 Anm. 1.
2) Er verwendet hierfür den Ausdruck "bible", der weder bei
Steuerwald noch Redhouse angegeben ist.
3) Dieser Umstand war Togan durchaus bekannt, vgl. H 80:
"İsa geldi ve Musa'nın şeriatini iptal etti ...".

abgelehnt. Möglicherweise betrachtete Togan deswegen die
Richtlinien des Neuen Testaments als "nicht verbindlich"
(mecburî). In diesem Zusammenhang vergleicht Togan das
"schlaffe" Christentum mit dem Islam, der von einem kriege-
rischen und kämpferischen Volk getragen werde, dessen "inne-
res und äußeres Leben" in dem Grundsatz "Auge um Auge, Ohr
um Ohr, Zahn um Zahn" zum Ausdruck komme, eine Vorstellung,
die Togan weitaus mehr zusagte, als die der christlichen
Vergebung.

(c) Naturreligionen

Auf der Suche nach einem neuen religiösen Verständnis setzt
sich Togan auch mit den Naturreligionen der vorislamischen
Türken, insbesondere mit dem Schamanismus[1], auseinander. Seine Kenntnisse darüber stützen sich hauptsächlich auf Ibn
Faḍlāns Reisebericht[2]. Damals überlegte er sogar, ob sich
nicht etwa denkende Menschen zusammensetzen und beraten könnten, um eine gemeinsame (müşterek) Religion zu finden. Dabei
zog er sogar den Schamanismus seiner türkischen Vorfahren als
nationale Religion in Erwägung. Da es sich beim Schamanismus
um eine Naturreligion handelt, ergeben sich nach seiner Auffassung unter Umständen Vorzüge gegenüber den Buchreligionen[3].
Aber nachdem die vorislamischen Turkvölker Zentralasiens keine
Werke in dem Umfang hervorgebracht haben, daß man von einer
Literatur sprechen könnte, waren die primitiven Dogmen (iptidaî
akideler) des Schamanismus nicht als eine regelrechte Religion
zu akzeptieren. Diese Überlegungen Togans gingen auf verschie-

---

1) Buluç, "Şaman", İA XI, S. 310-35.
2) 1932 wurde Togan in Wien mit einer Dissertation über dieses
   Werk promoviert. S. Uluçay-Dickson, "Published Writings",
   S. XL Nr. 73, 77.
3) Es wird nicht erklärt, welcher Art diese Vorzüge sind. Nähere
   Aufschlüsse über das Schamanentum in Togans Heimat gibt
   Findeisen, Schamanentum, S. 19 f: Hier zeigen sich deutliche Parallelen zwischen den vorislamischen Glaubensvorstellungen der Baschkiren und dem Schamanentum der Jukagiren,
   mit dem sich Findeisen in seinem Werk hauptsächlich aus-
   einandersetzt.

dene Untersuchungen über den Schamanismus zurück, die er damals gelesen hatte. Dazu gehörten Abhandlungen von Radloff, Michailov, Verbitsky u.a., vor allem aber die gesammelten Werke des Çokan Sultan Velihanov, in denen der Schamanismus in idealisierender Weise dargestellt wird. Dabei gefielen Togan vor allem die Selbstlosigkeit und die Naturliebe, die in dieser "Religion" verwurzelt sind. So kannte er mehr Schamanengebete der Altai-Türken und der Kasachen als arabisch-islamische Gebete. Doch hatten diese primitiven Dogmen dem Intellektuellen und der breiten Masse des türkischen Volkes, dessen Zahl in die Millionen ging, in der Gegenwart nichts zu bieten.

Togan selbst stand dem Schamanismus, oder zumindest seinen Praktiken, durchaus aufgeschlossen gegenüber. Als er sich nämlich im Winter 1921/22 in Buchara die Malaria holte, suchte er auf den Rat einiger usbekischer Freunde einen erfahrenen Schamanen auf, der ihn auch tatsächlich von seiner Krankheit befreite. Togan schildert den Ablauf der aufwendigen Prozedur, die sich in einem Zelt vollzog, mit vielen aufschlußreichen Einzelheiten. Als es sich schließlich herumsprach, daß sich Togan von einem Schamanen der Usbeken hatte heilen lassen, stieg er im Ansehen bei diesem Volksstamm (H 401 f).

2) Das politische Weltbild

Togans politisches Weltbild ergibt sich im Laufe einer Entwicklung, die, aufbauend auf ein in seiner Kindheit und Jugend gelegtes Fundament, bestimmt und geprägt wird durch die politischen Ereignisse in Rußland zu Beginn des 20. Jahrhunderts, vor allem durch die Revolution und die Machtübernahme der Sowjets und deren Politik gegenüber den nichtrussischen Völkern Rußlands. Bis zu seinem Sturz hatte das Zarenregime jahrelang durch seine Mißregierung sowohl unter

den Turkvölkern des Reiches[1] als auch unter einem großen
Teil der russischen Bevölkerung selbst, nichts als stetig
anwachsende Unzufriedenheit und Unruhe hervorgerufen, so
daß sich schließlich viele Menschen von einem Umsturz und
Machtwechsel nur noch eine Besserung der Situation erhoffen
konnten. So mag es sich auch mit Togans Erwartungen verhalten haben. Die Oktober-Revolution[2] an sich braucht, wenn
sie auch als das markante Ereignis dieser Tage galt, keine
außerordentliche Rolle in der Entwicklung seines politischen
Weltbildes gespielt zu haben.

Gegen Anfang des Jahres 1917 war es zu den ersten politischen
Kontakten Togans zu führenden Bolschewiken gekommen, die bald
darauf großes Interesse an einer Zusammenarbeit mit ihm zeigten. Diese Zusammenarbeit, oder genauer gesagt, die Miteinbeziehung Togans in die Politik der Sowjets, dauerte etwa
drei Jahre, von 1917 bis Mitte 1920. Dann war die Diskrepanz
zwischen Togans Ideen und den Plänen der Sowjets so groß,
daß Togan nur noch eine Alternative blieb, nämlich die Auseinandersetzung mit den Sowjets von nun an mit militärischen
Mitteln fortzusetzen.

In diesen drei Jahren keimt und reift in Zeki Velidi eine
Idee, die Vorstellung eines politischen Ideals, welches er
zunächst in Übereinstimmung mit der Politik der Bolschewiken,
bald aber gegen diese durchzusetzen und zu verwirklichen versuchte. Aufgrund der wenigen Erfolge und zahlreicher Fehl-

---

1) In diesem Zusammenhang ist die Agrarreform des russischen
Landwirtschaftsministers Stolypin im November 1906 zu
erwähnen, die den Turkvölkern den wirtschaftlichen Ruin
brachte. Vgl. Hellmann, Die russische Revolution 1917. In
der Einleitung dieses Werkes findet sich eine zusammenfassende Darstellung der politischen Entwicklung in Rußland
vor der Revolution (S. 7-40). - Wegen der in Baschkirien
durchgeführten Agrarreformen s. Zenkovsky, Panturkism S. 196.
2) Die vorausgegangene Februarrevolution erlebte Togan als
unmittelbarer Augenzeuge (H 145 f). Seine Erinnerungen darüber finden sich im Werk des Kazaner Autors Alimcan
Ibrahim, Die große Oktoberrevolution, S. 21.

schläge, die Zeki Velidi in seinem Bemühen erfuhr, war dieses Leitbild verschiedenen Wandlungen unterworfen. Das Leitmotiv blieb dabei stets unverändert, nämlich die Autonomie oder - in idealisierender Weise ausgedrückt - die Freiheit und Unabhängigkeit aller Turkvölker zu erreichen.

Um Togans politisches Weltbild in seinem Werdegang darzustellen, erscheint es angebracht, die Entwicklung der in diesem Zusammenhang maßgebenden politischen Ereignisse in einem Überblick zu betrachten[1].

Zeki Velidis politische Aktivitäten begannen im Frühjahr 1917 mit der Teilnahme an verschiedenen Kongressen und Sitzungen, bei denen er sich in erster Linie - als maßgeblicher Wortführer in dieser Sache - für die Autonomie Baschkiriens einsetzte. Die von anderer Seite (s. weiter unten) angestrebte baschkirisch-tatarische Vereinigung[2] lehnte er entschieden ab. Als mit der Besetzung Orenburgs durch die Sowjets im Februar 1918 die Macht de facto in deren Hände überging, floh Togan zusammen mit einigen anderen baschkirischen Nationalisten, um mit der Gegenseite, den Menschewiken, in Verhandlungen zu treten. Nachdem sich jedoch deren Führer, Admiral Koltschak, geweigert hatte, die Autonomie Baschkiriens anzuerkennen und die Bewegung zu unterstützen, beschlossen die Vertreter von Baschkirien, Şerif Matanov und Togan, und der nationalistischen Partei Kasachstans (Alaş Orda), sich zu verbünden und gemeinsam zu den Roten überzuwechseln[3].

Nach einer Reihe von Verhandlungen gewährten die Sowjets am 6. Februar 1919 Baschkirien die Autonomie und erkannten die

---

1) Zenkovsky, Panturkism, "Validov's Little Bashkiria", S. 195-208. Ebenso Jansky, "Armağan", S. XVIII f.
2) Der Grund hierfür liegt im baschkirisch-tatarischen Antagonismus, vgl. Zenkovsky, Panturkism, S. 197, Anm. 7. Über Togans antitatarische Politik s. Hayit, Turkestan, S. 218, Anm. 46.
3) Zur Entstehung und zum politischen Programm der Alaş Orda s. Benningsen-Lemercier, Islam, S. 46 f.

nationale Freiheit des Landes an. Dessen Verwaltung oblag
von nun an einem provisorischen baschkirischen Revolutionskomitee, Baschrevkom genannt, unter Vorsitz Togans. Etwas
später kam es auf den Druck Moskaus hin zum Eintritt der baschkirischen Regierungsmitglieder in die Kommunistische Partei,
deren Mitgliederzahl 150 bis 200 Personen betrug. In der Folgezeit intensivierten sich Togans Kontakte zu den führenden
Bolschewiken wie Lenin, Stalin, Trotzki, Frunze und anderen.
Dabei kam es vor allem in der Frage der Besiedlungspolitik
zu ersten Auseinandersetzungen.

Im November 1919 fand die erste Konferenz der Kommunisten
Baschkiriens statt. Dabei fiel die Abstimmung zugunsten der
Tataren gegen Togan aus, so daß nun die - bisher mehr de iure
als de facto erreichte - Autonomie Baschkiriens stark gefährdet war. Deshalb versuchte Togan nun seinerseits, diesem eine
Föderation der Baschkiren und Kasachen entgegenzustellen.
Sein Vorschlag wurde zwar abgelehnt, doch arbeitete Togan in
geheimen Verhandlungen mit kasachischen Führern und muslimischen Kommunisten aus Zentralasien weiter am Erreichen dieses
Zusammenschlusses.

Im Januar 1920 bemühte sich Togan in Moskau, Lenin und Stalin
zu einer positiven Haltung in der Baschkirienfrage zu motivieren. Die Sowjetregierung beschloß daraufhin die Gründung
einer autonomen tatarischen Republik, ohne die Einbeziehung
Baschkiriens, was für Togan einen Teilerfolg bedeutete[1].
Doch am 19. Mai erließen die Sowjets ein Dekret, nach dem alle
maßgeblichen administrativen Organe und Behörden Baschkiriens
dem örtlichen sowjetischen Kommando unterstellt wurden. Damit war die Autonomiebewegung Baschkiriens an einen Endpunkt
gelangt. Nach dieser schweren Niederlage entstand in Togan

---

1) Die Ursache für diese Gründung der Sowjets liegt wohl mehr
in ihrem politischen Prinzip des "divide et impera" als in
Togans Bemühungen. Vgl. Hayit, Turkestan, S. 218 Anm. 46.

die Idee eines weit größeren Projektes als "Klein-Baschkirien",
nämlich die Idee eines Zusammenschlusses aller Turkvölker zu
einer Föderation entweder innerhalb des sowjetischen Machtbereichs oder außerhalb desselben zu einer unabhängigen, nichtkommunistischen Nation. Für die Realisierung dieses Planes kam
ihm die sich rapide verschlechternde militärische und diplomatische Situation der Sowjets entgegen. Diese verstanden es
jedoch, bei den nachfolgenden Verhandlungen mit Togan, mit viel
Geschick so lange zu taktieren, bis sich ihre Lage wesentlich
gebessert hatte[1]. Dann aber richteten sich ihre Entscheidungen
gegen Togans Idee des Panturkismus. Schließlich floh er nach
Turkestan, wo er sich an der Organisation und Führung des bewaffneten Widerstandes beteiligte. Doch auch dieser Kampf war bekanntlich zum Scheitern verurteilt.

Als Ausgangspunkt dieser Entwicklung ist die Ideologie des
Sozialismus anzusehen, die sich Togan zu eigen gemacht hatte,
wodurch sich von vorneherein zunächst eine positive Haltung
Togans gegenüber der Politik der Bolschewiken ergab. Seine aktive Beteiligung an der Politik, seine Zusammenarbeit mit den
Bolschewiken beruhen auf dieser Haltung, wobei es Togans Ziel
war, sein Land, Baschkirien, mit dieser Ideologie, deren erstes
Anliegen das Glück der Menschheit und die Abschaffung menschlichen Elends ist[2], zu neuem Wohlergehen zu führen. Aus verschiedenen Gründen hielt Togan zum Erlangen dieses Zieles den autonomen Status Baschkiriens für die wichtigste Voraussetzung.
Dieses Projekt scheiterte nicht zuletzt am geringen Machtpotential der Baschkiren gegenüber den Sowjets.

Unbeirrt in seinem Einsatz für die Sache der Turkvölker und
offensichtlich im Glauben, daß ein Zusammenschluß aller Turkvölker Rußlands einen weitaus stärkeren Machtfaktor bilden werde,

---

1) Togan, Bugünkü, S. 371, 398, 402.
2) Sklair, Soziologie, S. 88.

verlagerte Togan nun die Auseinandersetzung mit den Bolschewiken auf die nächsthöhere, quasi auf die überregionale Ebene. Doch mit dem Scheitern auch dieses Projektes war die letzte Möglichkeit erloschen, innerhalb des Gebietes der Sowjetmacht eine türkisch-muslimische Föderation zu errichten.

Togan - mittlerweile schon auf der Flucht nach Afghanistan - schob nun den Gedanken des Islams in den Vordergrund, um auf dieser gemeinsamen Grundlage die Völker Afghanistans, Irans und der Türkei zu vereinen. Dieses Vorhaben kam jedoch - abgesehen von einigen Verhandlungen und Besprechungen mit verschiedenen Panislamisten - über ein theoretisch-spekulatives Anfangsstadium nicht hinaus. Diese Punkte sollen nun näher betrachtet werden, wobei es zugunsten der Überschaubarkeit nötig erscheint, sowohl die große Anzahl an Kongressen, Sitzungen und Treffen als auch die verschiedenen militärischen Aktionen, wie Truppenbewegungen, -auflösungen, Gefechte und dergleichen nicht stärker als unbedingt erforderlich miteinzubeziehen.

Togans Aussagen in den Hâtıralar lassen zwar ohne Zweifel die Feststellung zu, daß er den Sozialismus mehr oder weniger übernommen hat (H 160), doch läßt sich seine Einstellung zu dieser Ideologie in ihrer Gesamtheit insofern schwer fassen, als Togan immer nur einige, für ihn wichtige Teilaspekte betrachtet, andere dagegen lediglich streift oder völlig außer acht läßt. Zu den ersteren gehören vor allem diejenigen, die im unmittelbaren Zusammenhang mit der politischen, wirtschaftlichen und ethnischen Situation Baschkiriens stehen und Einfluß auf sie haben, wohingegen zu den letzteren z.B. die Abschaffung der Klassenunterschiede und die Vergesellschaftung der Produktivkräfte zu zählen sind.

(a) <u>Sozialismus und Kommunismus</u>

Togan begann bereits 1911 - also zur Zeit seines Aufenthalts in Kazan - sich mit dem Sozialismus auseinanderzusetzen.

Die Lektüre verschiedener Werke des führenden Marxisten Plechanov[1] weckte in ihm die bereits vorhandene Sympathie für diese Ideologie (H 78 f und 160). Während seines Aufenthalts in Ufa, 1915, befaßte er sich mit zwei von Lenins frühen Schriften, nämlich "Gegen den Strom" und "Materialismus und Empiriokritizismus" (1909)[2]. Diese Werke Lenins standen zu jener Zeit der Zarenherrschaft auf der Liste der verbotenen Literatur (H 285). - Im April 1917 trat Togan in die Partei der Sozialrevolutionäre ein (SR Partisi oder auch Es-Er Partisi), war aber mit deren Vorstellungen nur wenig einverstanden und trat deshalb nach einem Monat wieder aus. Stattdessen blieb er dem linken Flügel dieser Partei, der im Dezember entstanden war, verbunden. - Togan setzte in dieser Zeit große Erwartungen auf die kommenden Wahlen in der Hoffnung, daß die Sozialisten die Mehrheit erringen würden, denn von ihnen versprach er sich den größten Nutzen für seine baschkirische Heimat. Er hielt jedoch die Realisierung des Sozialismus ohne die Anwendung revolutionärer Maßnahmen für sehr schwierig. Daneben wollte er den Sozialismus - ob allgemein oder nur in Baschkirien läßt sich nicht eindeutig sagen - auf die Bereiche Großindustrie und Verkehrsmittel beschränken und den privaten Landbesitz der Bauern unangetastet lassen (H 160)[3].

---

1) Zur Orientierung sei auf den Artikel "Plechanov" in Sovetskaja istoričeskaja Enciklopedija, Moskau 1968, Vol. 11, p. 212-21, verwiesen. Eine ausführliche Darstellung über Leben und Werk Plechanovs ist Baron's, Plekhanov, Father of the Russian marxism, Stanford 1963. Neuerdings gibt es auch eine Freiburger Magisterarbeit von Petra Köhler, Die Bedingungen der Möglichkeiten von ästhetischer Wahrnehmung und Kunstproduktion bei Plechanov. Freiburg, WS 1979/80. Im Schlußteil dieser Arbeit wird u.a. das politische Weltbild Plechanovs dargestellt.

2) Wegen weiterer bibliographischer Angaben zu diesen und den folgenden zitierten Schriften Lenins s. Lenin, Sämtliche Werke, Wien/Berlin 1928.

3) Diese Feststellung bezieht sich sicherlich auch auf Baschkirien. Denn von einer Vergesellschaftung der Großindustrie wäre gerade Togans Heimat, Südbaschkirien, nicht betroffen gewesen. Dort lebte der überwiegende Teil der

Muhittin Bey, ein Freund Zeki Velidis, schrieb in einem Brief über ihn: "... Zeki Velidi hatte große Hoffnungen auf die russische Revolution gesetzt, und er war überzeugt, daß sie für die türkische Welt zum Anbeginn des Heils und der Erlösung werden würde (Türk âlemi için bir feyz ve felah olacağına kani olmuş). Aber er hat nicht erreichen können, was er erhofft hatte" (H 395).

Zeki Velidi war zu der Zeit, als sein sozialistisches Weltbild entstand, gerade etwas über zwanzig Jahre alt. So ist es durchaus zu verstehen, daß er diese Ideologie voller Idealismus aufnahm und allzu große Erwartungen in sie setzte. In den folgenden Jahren hatte er dann häufig Gelegenheit, mit den führenden Vertretern dieser Ideologie, mit Lenin, Stalin und anderen zu Besprechungen zusammenzutreffen und dabei deren Auffassung des Sozialismus und seiner Anwendung auf das Volk - nicht zuletzt auch auf die Turkvölker - kennenzulernen.

In der Anfangszeit ihrer Bekanntschaft, etwa Mitte 1917, stand Togan Lenin mit Anerkennung und Respekt gegenüber, wobei er gleichsam die Persönlichkeit Lenins[1] mit dessen Schriften und Werken identifizierte. Diese Haltung wird durchaus verständlich, wenn man eine Rede Lenins betrachtet, die dieser während eines Kongresses der Kommunistischen Partei am 19. März 1919 in Moskau[2] als Erwiderung auf einen Einwand Bucharins vortrug. Im Zusammenhang mit der baschkirischen

---

Bevölkerung als Halbnomaden, die auch Ackerbau trieben - deshalb auch Togans Forderung nach der Unantastbarkeit des bäuerlichen Privatbesitzes.

1) 1924 hält Togan in Berlin eine Rede über Lenins moralische Gesinnung. Diese Rede wurde anschließend im "Klassenkampf" vom 14.1.1925 veröffentlicht (H 322).
2) Es war dies der 8. Kongress der Kommunistischen Partei, bei dem das Verhältnis der Partei zu den Orientvölkern erörtert wurde. Vgl. Hayit, Turkestan im XX. Jahrhundert, S. 95.

Autonomiefrage äußerte sich Lenin zur Verbreitung und Realisierung des Sozialismus: "Für Bucharin ist das Recht der Völker kein Gesprächsthema im Programm der Kommunistischen Partei, ebensowenig die Tatsache, daß das Weltproletariat in eine Anzahl von Völkern aufgeteilt ist. Und auch für Völker wie Inder, Buschmänner und Hottentotten ist die Frage des Völkerrechts indiskutabel. Aber Bucharin hat in diesem Zusammenhang eine Kleinigkeit übersehen: nämlich die Tatsache, daß es Baschkiren gibt. In Rußland leben weder Buschmänner noch Hottentotten, und unter diesen gäbe es wohl auch niemand, der nach Autonomie streben würde. Aber hier gibt es Baschkiren, Kirgisen und eine Reihe anderer Stämme, und eben diesen gegenüber müssen wir uns freundlich und aufmerksam verhalten. Und es ist notwendig, die nationalen Rechte, die diese fordern, anzuerkennen. Denn vielleicht wächst auch bei ihnen eines Tages ein organisiertes und reifes Proletariat heran, und vielleicht machen sie eines Tages in ihren eigenen Ländern eine Revolution, wie wir sie gemacht haben. Aber wie auch immer es sich jetzt damit verhält, wir müssen mit ihnen gut auskommen (onunla idare etmek mecburiyetindeyiz). Wir können uns nicht in die inneren Angelegenheiten von Stämmen einmischen, die wie die Kirgisen und Sarten[1] noch immer unter dem Einfluß ihrer Imame stehen, indem wir ihnen sagen, sie sollten die Imame zur Seite drängen. Es ist vielmehr unsere Aufgabe, bei ihnen Bedingungen zu schaffen, die es ihnen ermöglichen, von sich aus eine Revolution durchzuführen. Darauf müssen wir sie vorbereiten" (H 253)[2]. Im weiteren Verlauf der Rede zeigte es sich jedoch, daß es mit der anscheinend toleranten Haltung der Sowjets

---

1) Barthold, "Sarten", EI IV, S. 187. Benningsen-Lemercier, Islam, S. 24 f.
2) Diese Rede Lenins wurde später veröffentlicht. Vgl. Lenin, Gesammelte Werke XXV, 3. Auflage, S. 353. Bei Hayit, Turkestan im XX. Jahrhundert, S. 97, werden die Sarten mit den Usbeken gleichgesetzt.

gegenüber den islamischen Minderheiten Rußlands nicht ehrlich gemeint war. Die Sowjets zählten zwar einerseits Togan und seine Leute - gemeint sind damit wohl die türkisch-muslimischen Teilnehmer des Moskauer Kongresses - dem Anschein nach zu ihren "Freunden" (... bizi görünürde arkadaş saymakla beraber), andererseits aber betrachteten sie diese ebenso wie auch die Imame und Mollas der Usbeken[1] - und daneben auch die kapitalistische Bourgeoisie Finnlands - als ein Element, das ausgerottet werden müßte. Hinter dieser Haltung erkannte Togan die Entschlossenheit der Sowjets, den Einfluß der Kommunistischen Partei soweit zu vergrößern, bis ihr schließlich die Leitung des Staates in die Hand gelegt werden könnte.

Mehrere Male hatte Lenin Togan gebeten, seine Ansicht zu verschiedenen Aspekten seiner Schriften zu äußern und dabei durchaus nicht mit Kritik zu sparen. Das betraf vor allem Lenins Werke "Gegen den Strom", "**Materialismus** und Empiriokritizismus" und "Über die nationale und koloniale nationale Frage". Doch bereits weniger als ein Jahr später zeigte es sich, was hinsichtlich der nichtrussischen Völker Rußlands aus Lenins Ideen und Plänen in Wirklichkeit geworden war. So wird z.B. in einem Gespräch zwischen Lenin und Togan deutlich, wie überaus wenig sich die Sowjets an Verträge gebunden fühlten, die sie mit Vertretern anderer Völker, insbesondere mit den Vertretern von Minoritäten, abgeschlossen hatten. In diesem Fall betraf es den Vertrag zwischen den Sowjets und den Baschkiren über die Autonomie Baschkiriens, die Unterstellung seiner Truppen unter sowjetische Befehlsgewalt und einige andere Punkte. Lenin erklärte Togan unumwunden, daß "... dieses Abkommen, das mit ihnen (Togan) geschlossen

---

1) Die Mobilisierung der Usbeken durch religiöse Kräfte war auch für die Sowjets eine ernstzunehmende Gefahr. Die letzten großen Aufstände und Unruhen hatten zu Ende des 19. Jh. im Fergana-Tal, in Taschkent und Kokant stattgefunden. Siehe hierzu Benningsen, "Die Türken unter der Zaren- und Sowjetherrschaft", Fischer Weltgeschichte 16, S. 213 f.

worden ist, aus nichts anderem bestand, als lediglich aus
einem Blatt Papier, das niemanden auch nur im geringsten
an etwas bindet"[1]. Togan wandte ein, daß sich die Beziehungen unter den Menschen nach seiner Überzeugung auf das
Einhalten derartiger Verträge stützten. Lenin erwiderte ihm
daraufhin, daß er sich in diesem Fall irre und daß er in
der Umgebung der Sowjets wohl noch viele neue Dinge kennenlernen werde (H 320).

Da zu dieser Zeit die Spitzentätigkeit unter den Kommunisten
noch nicht so stark ausgebaut und verbreitet war wie in
späteren Jahren, fand Togan mehrmals Gelegenheit, in Gesprächen mit dem Sowjetkommissar der Ukraine, Petrovsky, weiteres über Lenin zu erfahren. So fragte er Petrovsky einmal
im Scherz: "Da nun Lenin zum Erreichen seiner Ziele jedes
Mittel recht ist, würde er darauf eingehen, wenn ihm gesagt
würde: Wenn du heute abend deine Mutter heiratest, dann
wird morgen die Weltrevolution stattfinden." Petrovsky gab
zur Antwort: "Natürlich würde er das tun! Derartige Angelegenheiten betrachtet Lenin nur vom taktischen Standpunkt
aus... seine Anschauungen und Überlegungen werden weder von
Moral und Tradition beeinflußt, noch orientieren sie sich
nach irgendwelchen religiösen Motiven."

In der Frage der Verbreitung des Kommunismus und der zu
seiner globalen Realisierung anzuwendenden internationalistischen Politik zeigten sich gewisse Unstimmigkeiten zwischen
Lenins Denken und seinem Handeln. So war Lenin - laut Petrovsky - auf seinem Weg, den Kommunismus weltweit zu realisieren, tatsächlich "international" (H 321). Doch entpuppte sich sein "Internationalismus" als schlichter Betrug,
wenn man auf der einen Seite die Ideale des Kommunismus
betrachtete, die er - zukünftig - der ganzen Welt zugute

---

[1] Schon Plechanov hatte Togan im Dezember 1917 in Petersburg auf die Ruchlosigkeit der Bolschewiken und die Unaufrichtigkeit Lenins hingewiesen (H 171).

kommen lassen wollte, aber auf der anderen Seite die geschichtlichen, geographischen und wirtschaftlichen Konsequenzen verfolgte, die seine Politik bisher bei den in Großrußland lebenden, nichtrussischen Völkerschaften hervorgerufen hatte. Er zeigte für den großrussischen Nationalismus mehr Einsatz als selbst Peter der Große. So gesehen war es nur eine seiner Taktiken, wenn er bei den Völkern des Ostens - also bei Nichtrussen - Russen mit chauvinistischer Gesinnung verhaften ließ. - In seinen Schriften wie z.B. "Gegen den Strom" erschien Lenin als jemand, der sich stets um die Verteidigung der Rechte kleiner Völker bemühte. Diese Phase der Theorie war jedoch jetzt weitgehend vorüber, denn mittlerweile war es soweit gekommen, daß zwischen den großrussischen Kommunisten und den Mitgliedern der Kommunistischen Partei der nichtrussischen Minoritäten ein Verhältnis gegenseitigen Betruges bestand: Beide Seiten bezeichneten sich als Anhänger der gleichen Ideologie, als Kommunisten, doch war die Politik der russischen Kommunisten in "neo-imperialistischer Manier" gegen diese Minoritäten gerichtet. Letztere wurden von Lenin als kleine Bourgeois (küçük burjuva) bezeichnet, was vermutlich den Schluß zuläßt, daß er auch diese Klasse als eine zu Stürzende betrachtete (H 321 f)[1].

In einem Brief an Lenin, der das Datum des 20. Februar 1923 trägt, wandte sich Togan noch einmal gegen die Politik Lenins und der Sowjetführung. Da er diesen Brief einen Tag vor seiner Abreise aus Rußland niederschrieb (H 469), kann man ihn wohl als ein abschließendes Resümee der politischen Erfahrungen betrachten, die Togan in Rußland gemacht hatte. Zunächst verurteilte er die Unglaubwürdigkeit und Untreue der Sowjets

---

1) Daß Lenin zunächst doch noch am Erhalt dieser Klasse gelegen war, geht aus der Darstellung eines sowjetischen Autors hervor (vgl. Hayit, Turkestan, S. 296, Anm. 81: "Lenin hatte mehrmals darauf hingewiesen, daß man den Kommunismus nicht nur durch die Hände der Kommunisten bauen kann. Deswegen muß das Wissen und das kulturelle

bei Verträgen, wobei er sich auf zwei widersprüchliche Abkommen bezog, die die Autonomie Baschkiriens und die Subordination des baschkirischen Heeres unter die Sowjets betrafen. Dann warf er Lenin vor, daß sich unter der Regierung der Bolschewiken die Lage der Turkvölker im Vergleich zur Zarenzeit nur noch verschlechtert habe. Denn ihre "großrussische Politik" (velikorus siyaseti) bestimme nicht wie früher den sozialen und wirtschaftlichen Bereich der Minderheiten, sondern nunmehr auch den kulturellen Bereich. Diese Tatsache komme z.B. deutlich in der Gründung einer sogenannten Ost-Universität (Şark Üniversitesi) zum Ausdruck[1]. Die darin tätigen Ostspezialisten (Şark mütehassıslarɪ) seien Vertreter des Großrussentums, die sich mit verschiedenen wissenschaftlichen Aufgaben befaßten, die letzten Endes alle auf eine Russifizierung der nichtrussischen Völker des Ostens abzielten. Auch auf diesem Gebiet seien die nichtrussischen Kommunisten ohne bedeutenden Einfluß und ohne Entscheidungskompetenz. Eine der Tätigkeiten der Ostspezialisten des Zentralkomitees bestehe darin, Alphabete und Literatursprachen der lokalen Dialekte der verschiedenen Turkstämme - und auch anderer - mit Hilfe der Phonetik darzustellen. Dabei dürfte es sich aber nur um einen Vorwand für den nächsten Schritt handeln, nämlich die Vereinheitlichung der Schrift mit dem Ziel, an Stelle der arabischen Schrift die kyrillische einzuführen. Togan hielt es jedoch für vorteilhafter, nach dem Beispiel Aserbeidschans zu verfahren, wo das lateinische

---

Erbe der Bourgeoisie-Intelligenzen herangezogen werden. Aus diesen Gründen wurden zu dem Staatsapparat Ryskulow, Chodschajew, Ikramow, Bajtursunow, Sultan-Galijew, Validow (= Zeki Velidi Togan - Verf.), Murtasin usw. herangezogen".

1) Bräker, Kommunismus und Weltreligionen Asiens, S. 92, Anm. 4: Möglicherweise handelte es sich um die Universität der Völker des Ostens, die im April 1921 in Taschkent gegründet wurde und bis 1952 bestand.

Alphabet eingeführt werden sollte[1]. Dieses Vorhaben sollte indessen nicht von den Ostspezialisten durchgeführt werden, sondern von den ortsansässigen Wissenschaftlern. Dabei sollten die unabhängigen Regierungen der autonomen Völker, gegründet auf das Fundament der nationalen politischen Freiheit, diesen ihren Wissenschaftlern Hilfe und Unterstützung angedeihen lassen.

Im Zusammenhang mit der sowjetischen Russifizierungspolitik vergleicht Togan nun auch die momentane Situation im Jahre 1923 mit Lenins Aussagen in "Gegen den Strom" und anderen seiner Schriften, in denen er davon spricht, daß die "Rechte der Völker in einer idealen Form verwirklicht werden würden". Die Politik der Sowjets zur Berichtszeit zeigte jedoch ein Bild, das mit den damaligen Aussagen nichts mehr gemein hatte. In einem Zeitraum von weniger als vier Jahren hatte sich darin ein diametraler Richtungswechsel vollzogen (H 462). Insoweit sprach ein gewisser Artium, einer der Kommunisten aus der näheren Umgebung Lenins, eine deutliche Sprache. Nach seiner Ansicht war die sowjetrussische Kultur in ganz Vorderasien dominierend, aber nicht in Indien und China. Von diesen beiden Ländern glaubte er, daß sie einmal als unabhängige Länder existieren würden. Im übrigen "würde es sich nicht lohnen, auf die lokalen Sprachen und Kulturen, die sich der Herrschaft der sowjetischen Kultur verschließen wollten, Rücksicht zu nehmen, denn zumindest würden sich deren Sprachen zur weiteren Ausbreitung des Kommunismus heranziehen lassen". Togan beschließt diese Überlegung mit folgenden Worten: "Derartige Bestrebungen beschränkten sich nicht nur auf die Grenzen Rußlands. Es besteht nicht der geringste Zweifel, daß es auf diese Art und Weise weitergehen

---

1) In Aserbeidschan wurde 1927 tatsächlich die lateinische Schrift eingeführt, doch wird seit 1940 die kyrillische Schrift verwendet. Siehe Benzing, Turkologie, S. 90-3.

wird, und daß letzten Endes das sowjetische Rußland der allergrößte Feind eines jeden Volkes sein wird, das unter dem Joch der Sowjets gemäß eigenem Willen leben möchte" (H 463).

Neben Lenin wird auch Stalin von Togan beschrieben. Während an einer Stelle der Hâtıralar (H 254) zwischen Lenins und Stalins Charakteren nicht unterschieden wird, sondern beide - im Vergleich mit einigen fanatischen Kommunisten - als akzeptable (müsbet) Menschen bezeichnet werden, heißt es an anderer Stelle (H 265), daß "wir Lenin für gut, Stalin jedoch für einen Teufel (iblis) hielten". So versuchte Stalin Togan mit Schmeicheleien und übertriebenen Komplimenten in einer Art für sich und die Sowjets zu gewinnen, die Togan in der Seele zuwider war (H 251 f). In diesem Zusammenhang wird eine - wenn auch unbedeutsame - Episode erwähnt, die zum einen ein gewisses Maß an Humor und Selbstironie in Stalin offenbart, zum anderen ein Licht auf die sanitären und hygienischen Verhältnisse im winterlichen Moskau der damaligen Zeit wirft: Bei einem Motorradausflug durch die verschneiten Straßen Moskaus, zu dem Stalin Togan eingeladen hatte, fiel aus einem oberen Stockwerk eines Wohnhauses ein in Papier eingewickeltes Abfallpaket vor den beiden Männern in den Schnee. Stalin erklärte daraufhin Togan, daß dies normalerweise nur nachts geschähe, aber jetzt, kaum daß ein Volkskommissar und ein berühmter Abgesandter des Ostens - nämlich Stalin selbst und Togan - vorbeiliefen, erwiesen die Leute ihnen die Reverenz, indem sie das Zeug auch am Tage herauswürfen. Offensichtlich war es also in den russischen Städten üblich, sobald wegen starken Frostes Heizungen und Aborte nicht mehr funktionierten, allen Unrat (pislik), in Zeitungspapier eingewickelt, während der Nachtstunden aus dem Haus auf die Straße zu werfen.

Eine andere Seite Stalins, nämlich seine brutale Skrupellosigkeit, zeigte sich, als im Verlauf der Verhandlungen über die Autonomie Baschkiriens die Frage der Nomaden behandelt wurde (H 255). Wegen des Ersten Weltkrieges war es zur Umsiedlung russischer und polnischer Nomaden von Westrußland nach Baschkirien gekommen. Togan versuchte nun bei Lenin und Stalin durchzusetzen, daß diese Nomaden in dem von ihm aufgesetzten Vertragsentwurf berücksichtigt würden: Sie sollten nämlich, da ihre Zahl einige Zehntausende ausmache, vom baschkirischen Wahlrecht ausgeschlossen werden, damit durch ihren nicht unbeträchtlichen Stimmanteil das Wahlergebnis nicht negativ beeinflußt werde. Stalin äußerte sich hierzu mit ein paar Worten: "Es ist nicht nötig, die Nomaden in den Vertrag miteinzubeziehen, ... ihr - gemeint sind Togan und die Baschkiren - bringt sie einfach um, und damit ist die Sache erledigt!" Man kann annehmen, daß Togan aus einer derartigen Bemerkung sehr wohl seine Schlüsse gezogen hat: Wie würden die Sowjetrussen erst eines Tages gegen die Turkvölker vorgehen, wenn sie schon bedenkenlos Tausende von Vertretern ihres eigenen Volkes umbrächten? Da Togan dieses Vorhaben Stalins entschieden von sich wies, änderte dieser seine Taktik diametral und rüstete ein Jahr später die Nomaden heimlich mit Waffen aus, die sie gegen die Baschkiren gebrauchen sollten.

(b) <u>Panturkismus und Panislamismus</u>

Bestimmte Gedanken, die sich Togan aus Sozialismus und Kommunismus zu eigen gemacht hat, bilden Teilaspekte der Ideologie eines politischen, ökonomischen und sozialen Systems. Als Ideologie eines ethnischen und religiösen Systems[1] hingegen stehen daneben mit gleicher Relevanz Togans Vorstellungen im Kampf um die Unabhängigkeit Basch-

---

1) Obwohl die Religion als ein Bestandteil der geistigen Kultur eines Volkes im Terminus 'ethnisch' bereits enthalten ist, so soll sie doch im Rahmen dieser Betrachtung aufgrund ihrer politischen Bedeutung explicite behandelt werden.

kiriens. Sein Scheitern und die weitere politische Entwicklung brachten es mit sich, daß Togan diesen Unabhängigkeitsgedanken zunächst auf ein gesamttürkisches Staatsgebilde "Turan"[1] übertrug und nach einem neuerlichen Fehlschlag schließlich eine gesamtislamische Föderation aus Afghanistan, Iran und der Türkei zu etablieren versuchte.

Betrachtet man unter diesem Gesichtspunkt den Fortgang der politischen Ereignisse in Rußland und dem sich anschließenden afghanisch-iranischen Grenzbereich, so zeigten sich dort eine Reihe von Strömungen und Bewegungen, die sowohl sozialistische und kommunistische Aspekte, als auch panturkistische und panislamistische Ideen verschiedener Stärke und Prägung in sich vereinten. In diesem weltanschaulichen Geflecht sind aber klar strukturierte Linien nicht immer leicht zu erkennen, zumal sich Komponenten dieser Strömungen häufig überschneiden und überlagern. Eines aber ist allen gemeinsam, nämlich das Bewußtsein, ihre Ziele nur mit revolutionären Maßnahmen erreichen zu können. Als ein Beispiel hierfür sei zunächst die von einigen indischen Kommunisten angestrebte Synthese von Islam und Kommunismus genannt, auf die später noch einzugehen ist.

Was nun die Autonomiebewegung Baschkiriens betrifft, so sind darin die Grundzüge der baschkirischen Politik, die im wesentlichen von Zeki Velidi bestimmt war, klarer zu erkennen. Die Hauptursache für das Bestreben der Baschkiren, einen von den sie umgebenden Tataren losgelösten, autonomen Status zu erreichen, liegt in der sozio-historischen Entwicklung

---

1) Benningsen-Lemercier, Islam, S. 116: Gemäß den Vorstellungen Sultan-Galijews, die in dieser Frage mit denen Togans übereinstimmten, sollte der türkische Nationalstaat, die Republik Turan, aus Tataristan und Baschkirien (muslimische Wolga-Ural Republiken) und Kasachstan, Kirgisistan, Usbekistan, Turkmenistan und Tadschikistan (muslimische zentralasiatische Republiken) bestehen.

beider Völkerschaften, nämlich im - bereits erwähnten -
baschkirisch-tatarischen Antagonismus. Die seßhaften,
Ackerbau treibenden Tataren betrachteten die nomadisieren-
den Baschkiren als primitiv und rückständig, was bei diesen
Ressentiments hervorrief, die tief in der Volksseele verwurzelt waren[1]. Ein formaler Zusammenschluß beider Volks-
gruppen oder gar eine Integration des tatarischen Bevölke-
rungsteils war deshalb von baschkirischer Seite aus weder
vorstellbar noch praktikabel. Daneben bestanden auch Unterschiede in den Dialekten der beiden Stämme[2]. - Ein zweiter
wichtiger Grund für die Autonomie des Landes - diesmal mehr
die Sowjetherrschaft betreffend - lag in seinem Verhältnis
zum großrussischen Reich. So schreibt Lenin in seinem Werk
"Über die nationale und koloniale nationale Frage" (H 342):
"Die Baschkiren haben keinen Glauben an Großrussland
(Velikoruslara inanmıyorlar). Weil Großrussland im Vergleich
zu ihnen eine höhere Kultur aufzuweisen hat, und weil es
auch seine eigene Kultur dazu heranzieht, die Baschkiren zu
berauben, deshalb ist es soweit gekommen, daß Großrussland
für die Baschkiren Unterdrückung, Tyrannei und Betrug bedeutet". Diese Haltung gegenüber dem Zarenregime zeigten die
Baschkiren jedoch nun nach der Revolution in gleicher Weise
gegenüber den Bolschewiken bzw. den Sowjets. Aus diesen
Gründen proklamierten die beiden Vorsitzenden des baschkirischen Parlaments (kurultai), Manatov und Zeki Velidi,
am 15. November 1917 die Bildung eines autonomen "Groß-Baschk-
kiriens". Doch dieses Gebilde wurde wenige Wochen später
auf "Klein-Baschkirien" reduziert, nicht zuletzt aufgrund

---

1) Etwa im Verhalten von Zeki Velidis Vater, vgl. oben
"Ländliches Leben und Volksbräuche", S. 41.
2) Zenkovsky, Panturkism, S. 197, Anm. 11. Thomsen, "Das
Kasantatarische und die westsibirischen Dialekte",
PTF I, S. 407-21, und Benzing, "Das Baschkirische",
PTF I, S. 421-34.

des großen ethnischen Mißverhältnisses in der Bevölkerung dieses Territoriums[1].

Etwa vom Frühjahr 1918 an bemühten sich Sultan-Galijew und verschiedene andere tatarische Intellektuelle um die Schaffung eines autonomen, sowjetischen Tatar-Baschkiriens (autonomous Soviet Tataro-Bashkiria, so Zenkovsky), das auf der Grundlage einer muslimischen Kommunistischen Partei beruhen sollte[2]. Die Sowjets, insbesondere Stalin, waren an einem derartigen Zusammenschluß ebenfalls sehr interessiert und unterstützten ihn tatkräftig[3]. Anläßlich des II. Kongresses der muslimischen Kommunisten, der vom 22.-24. November 1919 in Moskau stattfand (H 287), versuchte Togan[4], dem tatarischen Autonomiestreben ein Bündnis zwischen Baschkiren und Kasachen entgegenzustellen. Das Verhältnis zwischen diesen beiden Völkerschaften war dank der beiden gemeinsamen Wirtschaftsweise, des Nomadentums bzw. Halbnomadentums[5], unbelastet. Außerdem war es durch die gemeinsam geführten Auseinandersetzungen mit Admiral Koltschak im Winter 1917/18 vertieft worden. Dieser Plan Togans wurde in der Abstimmung abgelehnt, so daß seine weitere Verfolgung nur noch auf inoffizieller Ebene, durch geheime Verhandlungen, möglich war.

Bei diesem Kongress offenbarte sich wieder eine der Methoden der sowjetischen Politik, durch Teilung und Abspaltung den

---

1) Näheres s. Zenkovsky, Panturkism, S. 197. Battal-Taymas, Kazan Türkleri, S. 200. Namık, Türk Dünyası, S. 148.
2) Zenkovsky, Panturkism, S. 202 f.
3) Ib., S. 177: Stalin und die Kommunistische Partei beabsichtigten, durch den Zusammenschluß Tataristans und Baschkiriens einen Modellstaat für die Anwendung des Sozialismus zu schaffen, mit dem sie die Sympathie der östlichen Turkstämme zu gewinnen suchten.
4) Ib., S. 203: Togan nahm selbst nicht an diesem Kongreß teil.
5) Arat, "Kazakıstan", İA VI, S. 494-505, insbesondere "Kazakıstan'ın iktisadî durumu ...", S. 497 f.

Lebensraum der Turkvölker einzuschränken und ihren Machtund Einflußbereich zu verringern. Zu diesem Zweck hatten die Sowjets eine von Kalinin geleitete Kommission eingesetzt, die maßgeblich an den Autonomiefragen beteiligt war. Ihr Ziel war es, die Etablierung zweier russischer Provinzen durchzusetzen, die Baschkirien und Bükey Orda[1] (oder auch Bökey Orda; s. Karte) von Kasachstan (Kazakistan) abtrennen und somit auch deren Verbindung zu den zentralasiatischen Turkstämmen unterbrechen sollten. Diese beiden Provinzen sollten längs des Ural-Flusses bis zum Kaspischen Meer verlaufen (Yayık nehri boyunca Hazar Denize kadar, H 288 f).

In diesem Zusammenhang nimmt Togan Stellung zu späteren Anschuldigungen in den sowjetrussischen Zeitungen Prawda und Izwestija, wo es heißt, daß "Sultan-Galijew schuldig befunden wurde, mit Zeki Velidi, der sich als ein Agent des Imperialismus im Ausland befindet, in Verbindung zu stehen". Nach Togans Weggang aus Rußland bestanden aber keine Verbindungen zwischen ihm und Sultan-Galijew. Die Anschuldigungen der Zeitungen entsprachen nur insofern der Wahrheit, als Sultan-Galijew und Zeki Velidi gemeinsam eine nationale Ideologie und ein Programm aufgestellt hatten. Diese - unerwartete - ideologische Übereinstimmung (ideoloji birliği) war dadurch entstanden, daß im Verlauf der Verhandlungen auch Sultan-Galijew einsah, daß die Kalinin-Kommission nichts anderes beabsichtigte, als durch die Errichtung der beiden russischen Provinzen die Baschkiren und eben auch die von Sultan-Galijew vertretenen Tataren von den östlichen Turkstämmen abzuschneiden. Infolgedessen erkannte er nun auch die Notwendigkeit, "Klein-Baschkirien" mit Kasachstan zu vereinen.

---

1) Bökey-Orda, d.h. "Inner-Orda": Zu Entstehung und Lage dieses Staates s. Hayit, Turkestan, S. 56 f.

Der sowjetrussische Historiker R. M. Raimov faßt die Verhandlungen dieses Kongresses wie folgt zusammen (H 289 f).
"Wenn auch Validov im Rahmen der Parteiorganisation den Kampf verloren hat, so verzichtet er dennoch nicht darauf, diesen fortzusetzen. Er hat den Mitgliedern, die bei dem Zweiten Kongreß der muslimischen Kommunisten in Moskau die baschkirische Kommunistische Partei vertraten, folgendes Telegramm geschickt: 'Ihr müßt bei der sowjetischen Regierung Anstrengungen unternehmen und darauf bestehen, daß in Orenburg eine gemeinsame Regierung der Kirgisen, Kasachen und Baschkiren zustandekommt'. Er schlug vor, die baschkirische Republik mit der kirgisischen Republik (Kasachstan) zu vereinen. Das aber hätte bedeutet, daß man die Anhänger Validovs, die Bourgeois-Nationalisten Baschkiriens, mit den Alasch-Orda, den Bourgeois-Nationalisten Kasachstans, vereint hätte. Validov hatte schon zu dieser Zeit Verbindungen zu Agenten des britischen Imperialismus im Osten aufgenommen und bereits in den Tagen der Februar-Revolution von 1917 hatte er das Ideal einer Föderation der Bourgeois-Republiken postuliert. Jetzt, im Jahre 1919, sind seine Bemühungen darauf gerichtet, die Bourgeoisie Kasachstans und die Baschkiriens mit militärischen Mitteln zu vereinen, um sie unter Zuhilfenahme des britischen Imperialismus und der Türkei, die sie als ihren Bruder bezeichnen, vom revolutionären Rußland abzutrennen"[1].

Nach Raimovs Auffassung war es bereits damals beschlossen, daß Togan mit Enver Paşa in Turkestan zusammenarbeiten werde, und letzterer war angeblich bereits in Rußland eingetroffen. Raimov fährt fort: "... Obwohl die Mehrheit der Mitglieder der Kommission dem Willen (irade) der TSIKA (Komünist Parti

---

1) Raimov, Obrazovanie Baškirskoi ASSR, S. 301. Die Stellenangabe deckt sich mit der Togans, H 289.

Merkez Komitesi)[1] entsprechend das Projekt Baschkiriens ablehnten, sich mit Kasachstan oder mit welch anderem Land auch immer zu verbinden, so wurde doch dem baschkirischen Volk die Möglichkeit gewährt, als unabhängiger Staat für sich selbst zu existieren". Es ist offenkundig, daß diese Bemerkung nicht im geringsten mit den tatsächlichen Gegebenheiten übereinstimmte.

Nach dem Fehlschlag vom November 1919, eine baschkirische Föderation zu gründen, und dem endgültigen Scheitern der baschkirischen Autonomie im Mai 1920, wurden Togans weitere Pläne, die auf die Gründung eines gesamttürkischen Staatsgebildes abzielten, nicht zuletzt von der Frage nach dem Verhältnis zwischen Sozialismus und Kommunismus einerseits und und islamischem Glauben andererseits bestimmt. Denn die Gründung dieses Staates berührte ein Kernproblem, das gerade für die Turkvölker Rußlands als Gemeinschaften des islamischen Glaubens von großer Wichtigkeit war: Sollte hinsichtlich des beabsichtigten Zusammenschlusses der Gedanke der ethnischen Gemeinsamkeit und der daraus resultierenden nationalen Einheit vorrangig sein? Oder sollte dieser Staat ganz im Sinne der islamischen Theokratie als eine Gemeinschaft der Gläubigen errichtet werden? Es zeigte sich jedoch, daß diese Frage nur von theoretischer Bedeutung war, denn tatsächlich wurde sie durch "die Identifikation von Nationalbewußtsein und Bekenntnis zum Islam"[2], wie sie bei den Turkvölkern Rußlands zu unterstellen ist, aufgehoben. Dabei war es weniger das Nationalbewußtsein als vielmehr das Bekenntnis zum Islam, das politische Konsequenzen von großer Reichweite und Bedeutung nach sich zog. Da es für ein islamisches Volk nicht annehmbar ist, innerhalb eines Staates zu leben, dessen Regierung

---

1) Nach Togans Anmerkung handelt es sich wohl um das Zentralkomitee (ZK bzw. TZK) der Kommunistischen Partei.
2) Bräker, Kommunismus und Weltreligionen, S. 66.

und Gesellschaft von einer nichtislamischen Religion und
somit von Unglauben geprägt sind, ist es notwendig für es,
sich von einem solchen Staat zu lösen. Es macht dabei nur
einen graduellen Unterschied aus, daß es sich beim zaristischen Rußland um einen christlich-orthodoxen Staat handelte -
und somit also um "Schriftbesitzer" - , hingegen beim sowjetischen Rußland um einen atheistischen Staat. Darüber hinaus
sollten ja auch die benachbarten Länder, Indien, Afghanistan,
Iran und die Türkei, die ebenfalls unter dem "Imperialismus
der Ungläubigen", der Engländer, zu leiden hatten, befreit
und mit ihnen Bündnisse geschlossen werden. In ideologischer
Hinsicht ergab sich für diesen theokratischen Staat die Notwendigkeit, auch innerhalb der eigenen Gesellschaft Sozialismus und Kommunismus uneingeschränkt abzulehnen, da diese
Ideologien den Atheismus zum Dogma erheben[1]. Die marxistisch-leninistische Auffassung von der fundamentalen Unvereinbarkeit von Religion und Kommunismus wird folgendermaßen statuiert: "Der Islam ist eine antiwissenschaftliche, reaktionäre
Weltanschauung, die der wissenschaftlichen marxistisch-leninistischen Auffassung fremd und feindlich gegenübersteht.
Der Islam steht im Widerspruch zu der optimistischen und lebensbejahenden materialistischen Weltanschauung; er ist
unvereinbar mit den fundamentalen Interessen der Sowjetvölker;
er hindert die Gläubigen daran, aktive und gewissenhafte
Erbauer der kommunistischen Gesellschaft zu sein"[2].

Die Einstellung, die Togan selbst gegenüber diesen Fragen
vertrat, und die die Richtschnur seines Handelns innerhalb

---

1) Vgl. hierzu Engels, Ludwig Feuerbach und der Ausgang der
klassischen Philosophie, sowie mit Bezugnahme auf dieses
Werk Scholz, Religionsphilosophie, S. 126, wo Feuerbach
als "der Religionsphilosoph des Sozialismus" bezeichnet
wird.
2) Bräker, Kommunismus und Weltreligionen, S. 66: Diese
Darstellung stammt von dem bekanntesten sowjetischen
Islaminterpreten im Sinne der ideologischen Parteiauffassung, L.J. Klimovič (aus Tsarija Vostoka, 10. Oktober
1954).

dieser nationalen Bewegung bildete, beruht auf der Prämisse der Unvereinbarkeit von Islam und Kommunismus. Diese Überlegung wurde nicht zuletzt von Zeki Velidis eigenem Glauben an die islamische Religion getragen, an dem er nach wie vor festhielt. Als er nämlich einmal von Lenin gefragt wurde, ob er seine religiöse Haltung auch nach der Lektüre der Schrift Lenins "Materialismus und Empiriokritizismus" immer noch nicht aufgegeben hätte, antwortete er: "Wenn es auch notwendig sein sollte, im Bemühen um die soziale Weltrevolution zu glauben, daß die Welt ein zufällig entstandenes Produkt sei, so bin ich doch der Überzeugung, daß sie ein beabsichtigtes Ergebnis ist". Lenin akzeptierte diese Überzeugung und hielt sie auch Togans zu erwartender Mitgliedschaft in der Kommunistischen Partei für nicht abträglich (H 285).

Obwohl sich Togan in eindeutiger Weise zum islamischen Glauben bekennt, so kongruieren dennoch seine staatstheoretischen Vorstellungen keineswegs mit dem theokratischen Prinzip des Islam. Im Zusammenhang mit einer Arbeit über Ibn Ḥaldūns Muqaddima legte er bereits im Winter 1913/14 in einer sieben Punkte umfassenden Niederschrift seine Gedanken über die Theokratie des Islam dar (H 123 f).

1) Die Theokratie ist eine Geisteshaltung, die für die Türken das größte Übel darstellt.
2) Die Theokratie ist kein eigentliches Kennzeichen der islamischen Gesellschaft.
3) Der Islam muß sich ebenso wie wir der westlichen Kultur anpassen.
4) Schon immer machten die Türken zwischen Sultanat und Chalifat in der Geschichte einen Unterschied.
5) Im Verwaltungs- (Regierungs-) system der Türken und Mongolen gibt es nichts, was mit der Religion in Verbindung steht. Die Anwendung von Čingiz Ḫāns Yāsā-System hat in der islamischen Welt eine neue Epoche eröffnet. Die Yāsā hat in der Türkei Spuren hinterlassen.

6) Eine vollständige Trennung von Staat und Religion ist notwendig.
7) Eine Revision der koranischen Gesetzesbestimmungen im Hinblick auf die weltlichen ist notwendig.

Als Resultat dieser Überlegungen kommt Togan zu dem Schluß, daß die Unterjochung der zentralasiatischen Turkvölker durch die Russen hauptsächlich darauf zurückzuführen sei, daß sie sich von Čingiz Ḫāns Yāsā-Gesetz abgewendet hatten.

Weitere wichtige Aufschlüsse erhält man aus den Erörterungen, die Zeki Velidi im März 1919 in Sterlitamak (s. Karte) mit vier indischen Panislamisten und Kommunisten führte. Er gewinnt dabei den Eindruck, daß diese Leute zwar offensichtlich keine Beziehungen zum Sozialismus hatten, jedoch der Überzeugung waren, durch Zusammenarbeit mit den Kommunisten lasse sich die islamische Welt vor dem westlichen Imperialismus retten. Togan hält ihnen entgegen, daß er es schlichtweg als Sünde betrachte, den Islam mit dem Kommunismus zu verbinden[1]. Die vier Inder sollten im Gespräch mit den Sowjets nicht zulassen, daß sich diese in Fragen der Religion einmischten oder sie mit finanzieller Hilfe zu binden versuchten (H 301 f). Zu jener Zeit hatte Lenin einen dieser Inder namens Bereketullah, der dem Derwischorden der Mevlevī angehörte, beauftragt, einen Plan für die von den Sowjets in Turkestan zu unternehmenden Maßnahmen auszuarbeiten[2]. Bereketullah stellte nun in seinem Schreiben mehrere Thesen auf, über die es zu einem Gespräch zwischen Lenin und Togan

---

1) Über die Gemeinsamkeit und Verbindungen zwischen Islam und Kommunismus s. Zenkovsky, Panturkism, S. 276 ff: Hier wird auf zwei weiterführende Artikel von N.A. Faris in The Islamic Review (June 1956) pp. 28-31 und in Near Eastern Forum (Summer 1956) pp. 8 f. verwiesen (weitere bibliographische Angaben fehlen).

2) Hayit, Turkestan im XX. Jahrhundert, S. 95: Im Zusammenhang mit dem 8. Kongreß der Kommunistischen Partei im März 1919, bei dem das Verhältnis der Partei zu den Orientvölkern erörtert wurde, beauftragte Lenin den Kommunisten Mevlevī Bereketullah, einen Plan für die neuen Maßnahmen in Turkestan auszuarbeiten.

kommt, wobei letzterer Gelegenheit findet, der Sowjetführung seine persönlichen Ansichten und Pläne in dieser Angelegenheit darzulegen. Bereketullah meint, daß der Koran durchaus dem Kommunismus entspreche, so daß es in der geistigen Annäherung an die Turkstämme und in der Auseinandersetzung mit ihnen gewiß von Nutzen sei, den Koran so zu interpretieren, daß der Standpunkt des Kommunismus mit einbezogen und berücksichtigt werde. Der nach seiner Ansicht in Zentralasien zu gründende Staat solle aus einer Föderation aus Afghanistan und den östlichen Teilen von Iran und Turkestan bestehen. Kernzelle dieses Staates solle das Ural-Gebirge sein[1] (H 301). Daneben wäre es möglich, mit Indien enge Beziehungen aufzunehmen und mit Hilfe der muslimischen Völker Zentralasiens die Engländer aus Indien zu vertreiben.

Togan hält einige der Ansichten Bereketullahs für verworren und illusionistisch. Er betrachtet es als unmöglich, einen Bezug zwischen Koran und Kommunismus herzustellen, um mit den daraus gewonnenen Ideen die muslimischen Turkvölker zu lenken. Daneben rechnet er mit negativen Folgen (menfi neticeleri), wenn unter panislamistischem Vorwand bzw. unter dem Vorwand der Gemeinsamkeit von Islam und Kommunismus ein Staat gegründet werde, der auch noch Teile Sowjetrußlands, Afghanistans und Irans in sein Territorium einbeziehe. Seine eigenen Vorstellungen beschränken sich - wie noch zu zeigen sein wird - indes auf das sowjetische Gebiet. Er glaubt, daß die Aufgaben in Zentralasien nur dann mit Erfolg vorangetrieben werden könnten, wenn der noch aus der Zarenzeit stammende russische Imperialismus beseitigt werde und an dessen Stelle der Gedanke der nationalen Einheit trete. Diesem Gedanken sei gegenüber dem der religiösen Gemeinschaft der

---

1) Offensichtlich ist damit der südliche Teil dieses Gebirges, also Baschkirien, gemeint.

Vorzug zu geben (H 261). Dieser Feststellung ist unschwer zu entnehmen, daß Zeki Velidi die nationale Frage mehr am Herzen lag als die religiöse: So betrachtet ist er in erster Linie als ein Vertreter des Panturkismus, weniger dagegen des Panislamismus zu bezeichnen. Im weiteren Verlauf erklärt Togan, wie nach seiner Meinung gegen den russischen Imperialismus und seine Folgen vorzugehen sei. Dies betrifft unter anderem die Beseitigung der Statuten des russischen Generals Kaufmann[1], die Rückgabe des Landes, das man 1916 den Einheimischen entrissen hatte[2], und verschiedene organisatorische Aufgaben beim Aufbau von Institutionen wie Staatsverwaltung, Militär, Wirtschaft, Post und Verkehrswesen. Diese Stellungnahme Togans wurde in Form einer zwölf Punkte umfassenden Forderung redigiert[3]. Lenin stand all diesen Punkten angeblich wohlwollend gegenüber. Er betrachtete Togans Vorschläge als praktisch und nützlich, während er die der Inder als verworren bezeichnete (H 262 f).

Als erste Konsequenzen der Unabhängigkeitsbestrebungen der Turkvölker Rußlands, die etwa mit dem Beginn der Oktober-Revolution eingesetzt hatten, verkündeten zu Ende des Jahres 1917 verschiedene dieser Völker ihren Status als autonome Republiken. Dazu gehörten Baschkirien, die zum Teil von

---

1) General Konstantin Petrowitsch von Kaufmann war von 1867-82 Generalgouverneur von Turkestan gewesen. Er hatte alle Chanate dieses Landes unterworfen und somit maßgeblichen Anteil an der Erweiterung des großrussischen Machtbereichs. Sein Standbild war an vielen öffentlichen Plätzen Turkestans aufgestellt. S. Hayit, Turkestan, S. 81-7.

2) Diese Forderung bezieht sich auf die Folgen der nationalen Erhebung Turkestans 1916: Nach der Niederschlagung des Aufstandes durch das russische Militär, das von bewaffneten russischen Kolonisten unterstützt wurde, erhielten jene große Flächen turkestanischen Landes. Ib., S. 199-205. Togan, Bügünkü, S. 336- 45.

3) Hayit, Turkestan im XX. Jahrhundert, S. 96: Togans Forderungen sind hier vollständig wiedergegeben, jedoch nur in Form von elf Punkten.

Tataren bewohnte Halbinsel Krim, danach Turkestan, Aserbeidschan und Kasachstan (H 186). Parallel dazu war bei Togan und verschiedenen anderen Panturkisten[1] die Idee einer gesamttürkischen Föderation entstanden, die ebenfalls in der Form eines autonomen Staates realisiert werden sollte[2]. Bereits damals hat Togan seine Vorstellungen vom Umfang und Ausmaß sowohl Baschkiriens, als auch des gesamttürkischen Staates kartographisch zum Ausdruck gebracht (s. Karte). Er bezeichnete diesen Zusammenschluß als "Vereinigung der autonomen muslimischen Völker Ostrußlands" (Şarkî Rusya Muhtar Müslüman Ülkelerinin Birliği)[3]. Offensichtlich aber betrachtete man zu jener Zeit dieses Staatsgebilde noch als ein Fernziel, das man durch eine Art der "Politik der kleinen Schritte" zu erreichen suchte. Dafür spricht der von Togan zunächst angestrebte baschkirisch-kasachische Zusammenschluß, der ebenfalls schon Ende 1917 auf seinem Programm stand (H 186)[4].

Aus einem Gespräch, das Togan Ende März 1920 mit einem seiner Offiziere namens Alimcan Tagan führte, geht hervor, wie sehr die pantürkischen Ziele mittlerweile von den Bolschewiken eingeschränkt worden, und wie gering die Aussichten bei der Fortsetzung des Kampfes noch waren (H 298 f): Togan beschuldigt zunächst die Alliierten, daß sie die Gefahr des Bolschewismus für die Welt verkannt und infolgedessen

---

1) Als wichtigste Vertreter des Panturkismus gelten Ismail Gasprinsky, Ali Hussein-Zadeh und Yusuf Akçura.
2) Diese Aussage Togans steht im Widerspruch zu derjenigen Zenkovskys, der die Entstehung der pantürkischen Idee erst als eine Folge der gescheiterten baschkirischen Autonomiebestrebungen ansieht. Das heißt aber, daß die Idee bei Togan erst gegen 1920 entstanden wäre. Vgl. Zenkovsky, Panturkism, S. 205.
3) Togan, Bugünkü, S. 371; H 626 f.
4) Lt. Zenkovsky, Panturkism, S. 203, erstrebte Togan erst von November 1919 an einen derartigen Zusammenschluß, um der von Sultan-Galijew verfolgten baschkirisch-tatarischen Autonomie entgegentreten zu können.

die Vernichtung der antibolschewikischen Bewegungen im
sibirischen Ural und in der Ukraine verursacht hätten[1].
Zwar sei es möglich, den muslimischen Stämmen Ostrußlands
ein nationales Ideal zu vermitteln, doch werde auch das in
ihrem Streben nach Unabhängigkeit nur wenig bewirken, solange
es keinen Staat gebe, der ihnen Beistand leiste. Daneben
gebe es unter ihnen nur wenige, die den Militärdienst
so gut verständen wie Togans baschkirische Truppen, deren
Oberbefehlshaber er war.

---

1) Diese knappe Bemerkung erfordert eine Klärung: Im Verlauf
des Ersten Weltkrieges waren die Turkvölker zunächst
durch den Vormarsch Deutschlands, danach durch die Sowjets
vom Druck des zaristischen Rußland befreit worden.
Mit Berufung auf das von den Sowjets proklamierte Recht
auf nationale Selbstbestimmung (dieses Recht wurde bald
darauf von Stalin derart modifiziert, daß von seinem ursprünglichen
Gehalt kaum etwas übrig blieb, sondern sich
eine Annexion und Russifizierung der Minderheiten daraus
ergab), versuchten die westlichen Randvölker, also Polen,
Litauer, Letten, Esten und Finnen, und daneben die östlichen
Turkvölker, sich aus dem Verband des russischen
Reiches herauszulösen. Die Friedensverhandlungen von
Brest-Litowsk begannen am 20. Dezember 1917 und wurden
auf russischer Seite von Trotzki geführt, der zwar den
Waffenstillstand akzeptierte, dessen Bedingungen jedoch
ablehnte. Zu den Bedingungen gehörte u.a. die Autonomie
der Ukraine mit der von Tataren bewohnten Krim. Dieses
Recht wurde von den Vertretern Baschkiriens "in nutzbringender
Zusammenarbeit mit der Ukraine" unterstützt (H 186).
Im Rahmen von Wilsons 14-Punkte Programm (8. Januar 1918)
wurde der Friedensschluß von Brest-Litowsk nach dem Prinzip
der nationalen Selbstbestimmung abgelehnt. In diesem
Programm blieben jedoch die nichtrussischen Minderheiten
Rußlands unberücksichtigt. Das Augenmerk der Alliierten
richtete sich in der Folgezeit auf Europa, so daß die
Bolschewiken in der weiteren Entfaltung ihrer Macht freie
Hand hatten. Togans Vorwurf richtete sich somit gegen die
Aliierten, insbesondere gegen die Vereinigten Staaten, die
zu Ende des Ersten Weltkrieges als einziges Land in der
Lage gewesen wären, Druck auf die Bolschewiken auszuüben.
Doch damals verkannten sie die Gefahr des Bolschewismus
noch ganz und gar. Über den Kampf der Baschkiren gegen
die Bolschewiken s. H 189-215. Zum Frieden von Brest-Litowsk
s. Wheeler-Bennett, The Treaty of Brest-Litowsk
and Germany's Eastern policy, Oxford 1939.

Die russische Nation selbst ist der Möglichkeit beraubt, ihre verschiedenen geistigen Strömungen, die sich als Folge der Revolution in einem aufgelösten und verworrenen Zustand befinden, zu sammeln und zu koordinieren. Selbst wenn unter derartigen Umständen eine Revolution auch erfolgreich sein sollte, so ist und bleibt sie letztlich doch ein gewagtes Abenteuer, das großes Unheil nach sich ziehen kann. Es hat sich gezeigt, daß Togan und seine Leute nicht mit den Bolschewiken werden zusammenarbeiten können. Deshalb zieht es Togan vor, mit seinen Freunden nach Turkestan zu gehen, um dort die seit langem begonnene Umsturzbewegung zu unterstützen, obgleich keine Aussicht besteht, irgendwelche Hilfe aus dem Ausland zu bekommen. Die Alliierten ziehen es vor, dem Fortbestand und der weiteren Ausbreitung des Bolschewismus tatenlos zuzusehen, statt dafür zu sorgen, daß in Zentralasien ein islamischer Staat errichtet werde. Und weil dem nicht abzuhelfen ist, setzt Togan seinen ganzen Eifer ein, um diese Umsturzbewegung in Turkestan zu organisieren und ihr eine Ideologie zu geben, anstatt in Moskau zu bleiben und dort in sowjetischen Diensten zu stehen oder gar am Galgen zu enden. Bei dieser Bewegung sollte auch der Versuch gemacht werden, die Japaner miteinzubeziehen. Sollte die Bewegung scheitern, so werde man ins Ausland gehen, um den Kampf von dort aus fortzusetzen.

Vergleicht man diese Gedanken Togans mit einer offiziellen Stellungnahme, die die baschkirisch-kasachisch-turkestanische Delegation anläßlich des VII. Allgemeinen Russischen Sowjetkongresses im Dezember 1917 - also etwa sechs Wochen nach der Oktoberrevolution - in Moskau abgab, so zeigt sich nur allzu deutlich, welch großer Umschwung sich in der Zwischenzeit vollzogen hatte. In dieser Verlautbarung heißt es: "Wir sind dem Gedanken der Weltrevolution verbunden. Obwohl wir, die Baschkiren, Kasachen (Kirgisen) und Turkestaner Muslime sind, liegt uns jeglicher Fanatismus fern. Mekka und Medina sind heute von den Engländern okkupiert. Da man aber

die Kultur der osttürkischen Stämme nicht mit der islamischen
und iranischen Kultur gleichsetzen kann, rufen auch die Ereignisse, die sich in Mekka und Medina zutragen, bei uns keine große Anteilnahme (cereyan) hervor. Wir wollen uns als
Nachbarn des russischen Proletariats mit unseren eigenen Angelegenheiten beschäftigen" (H 282). So gesehen kann also
auch die gemeinsame Zugehörigkeit zum Islam nicht dazu beitragen, daß es zu einer geistigen Annäherung der muslimischen
Türken Zentralasiens an die Muslime der Länder Vorderasiens
und Nordafrikas kommt, obwohl beide von einer fremden Macht
unterdrückt werden. Der Grund für diese Erscheinung liegt
nach Togans Ansicht in der nicht unbeträchtlichen kulturellen
Kluft, die nach wie vor zwischen diesen beiden Gruppen besteht. Dies zeigt insbesondere die Einstellung der breiten
Volksmasse der Osttürken. In diesem Zusammenhang stellte am
23. Dezember 1921 in Buchara Enver Paşa die Frage nach den
Gründen, die gegen eine Einheit der Turkvölker und der übrigen islamischen Völker sprächen. Togan erläuterte ihm daraufhin die politische Situation in Turkestan (H 388 f): In
Turkestan kennt der einfache Mann gerade noch den osmanischen
Chalifen (Osmanlı halifesi), und der ist auch der Sultan der
Türkei. Er weiß nicht, daß die Türken dieses Landes Türkisch
sprechen. Das wissen zwar die Intellektuellen, aber von einer
kulturellen Zusammengehörigkeit haben auch sie keine Ahnung.
Auf der anderen Seite stellen die Russen Panislamismus und
Panturkismus als derart verruchte Erscheinungen dar, daß ein
jeder, der mit ihnen zusammenarbeitet, vor der Notwendigkeit
steht, sich von diesem Ideal fernzuhalten. - Ein anderer
Punkt, den man nicht vergessen darf, ist der, daß sich das
türkische Volk hier eben nur mit seinen eigenen Sorgen beschäftigt, und daß es von einer politischen Einheit der Türken noch nie etwas gehört hat. Sollten dennoch einige etwas
davon gehört haben, dann sind das allenfalls ein paar Studenten, die in Istanbul studiert haben und daneben die

Leser der Zeitschrift Türk Yurdu[1]. Andere Leute wissen davon nichts. Denn hier ist jedermann Anhänger der Sache Turkestans (burada herkes Türkistancıdır)".

Diese kulturelle Kluft, die in einer starken Unterschiedlichkeit der Wirtschaftsformen, der Lebens- und Denkweisen der zentralasiatischen Turkvölker außerhalb Rußlands zum Ausdruck kommt, wird auch durch das Faktum der religiösen Gemeinsamkeit nicht geschlossen. Aus diesem Grund hält Togan den Gedanken des Panislamismus für nicht realisierbar. Hingegen spricht er dem Islam eine wichtige Aufgabe innerhalb der Turkvölker zu, wenn es darum geht, sie zum gemeinsamen Widerstand gegen die Bolschewiken zu motivieren. Togan stellt fest, daß es für die Turkvölker noch nie eine andere Religion gab, die ihnen so sehr entsprach, wie die von Mohammed verkündete, die im Verlauf ihrer Geschichte so wirksam blieb. Und so ist Togan der Überzeugung, daß gerade der Islam in der Zukunft ihre Existenz sichern werde (H 534). In diesem Punkt unterscheiden sich seine Vorstellungen wesentlich von denen Sultan-Galijews, der nicht wie Togan den Kommunismus als eine zwangsläufige Notwendigkeit betrachtete (Kömünizme bizim gibi bir zaruret icabı değil, bizzat buna inanarak intisap etmiş), sondern sich ihm in vollem Glauben widmete und in aufrechter Überzeugung die Religion bekämpfte (H 289). - Daneben erwähnt Togan einige andere Punkte, die ihn von Sultan-Galijew unterschieden: Während zu Togans Betätigungsfeld die Turkstämme östlich der Wolga gehörten, befasse sich Sultan-Galijew mit den Türken des Kaukasus und

---

[1] Eine panturkistische Zeitschrift, die erstmalig im Dezember 1911 von Yusuf Akçura herausgegeben wurde. Daneben steht der Ausdruck auch für eine radikale nationalistische Bewegung, die von Agaev (auch Agaoğlu) zu Beginn des 20. Jahrhunderts in Konstantinopel ins Leben gerufen worden war.

der Krim, zwischen denen er eine Verbindung herstellen wolle.
Er könne jedoch nicht klar darstellen, wie diese Vereinigung
beschaffen sein solle. - Nach Togans Ansicht wird der Islam
gerade in der Auseinandersetzung mit dem russischen Natio-
nalchauvinismus zur hilfreichen Kraft (faydalı unsur) für
die Länder Afghanistan, Iran und Türkei.

Für die Turkvölker stellten der Imperialismus und Chauvinismus Großrußlands, sei es als Relikt der Zarenzeit oder als
modifizierte Innovation der Sowjets, nach wie vor die größte
Bedrohung dar. Um dieser Gefahr wirkungsvoll entgegentreten
zu können, sollte nach Togans Vorstellung durch den Zusammenschluß der muslimischen Turkvölker ein Machtpotential geschaffen werden, das auf engen wirtschaftlichen und kulturellen Beziehungen zwischen Afghanistan, Iran und der Türkei
zu beruhen hätte. Dabei dachte er offensichtlich weniger
an einen Zusammenschluß in der Art eines nationalstaatlichen
Gebildes, sondern lediglich daran, den Fortbestand der tra-
ditionellen Lebensformen zusammen mit dem Erhalt der Sprachen
und der Literatur zu sichern oder sie in vertretbarer Weise
zu reformieren. Togan stellte sich den Aufbau dieser Beziehungen folgendermaßen vor (H 498): In der Auseinandersetzung
mit den Sowjetrussen stellt ein derartiges Bündnis zwischen
Afghanistan, Iran und der Türkei durchaus eine realistische,
ernstzunehmend Größe dar. Hingegen führt es zu keinem Ergebnis, wenn unter den zentralasiatischen Muslimen eine So-
lidarität (tesanüt) geschaffen werde, die in der Form einer
panislamischen Bewegung allein auf der Religion beruhe, denn
Zusammenschlüsse, die nicht in Verbindung mit der Wirtschaft
stünden, sondern sich nur auf das Dogma stützten, blieben
Theorie (çünkü iktisada bağlanmayan, yalnız doğma'ya dayanan
birlikler sözde kalır). Afghanistan und Iran müßten deshalb
ihre wirtschaftliche Entwicklungspolitik vor allem in den
nördlichen Regionen ihrer Länder, also den an Rußland an-
grenzenden, vorantreiben. Daneben müßten alle drei Länder sich

jedoch ganz entschieden vor dem Chauvinismus hüten, den die
Russen systematisch verbreiteten. Aber gerade in dieser
Auseinandersetzung biete ihnen der Islam Hilfe und Rückhalt. Daneben müßten in einem jeden von ihnen die Rechte
der Stämme, die in diesem Land leben,anerkannt werden. So
müßten in Afghanistan für die Usbeken, Turkmenen und Tadschiken Schulen errichtet werden, in denen die Muttersprache
dieser Stämme Unterrichtssprache sei. In der Ausübung des
Militärdienstes dürften sie keiner Ausbildung unterzogen
werden, die sich von der der Afghanen unterscheide. Im Zusammenhang mit diesen Fragen seien aus dem Siyāsat-nāma
des Seldschukenwezirs Niẓām al-Mulk die Kapitel 24 bis 26
zu berücksichtigen[1]. Togan schrieb diese seine Vorstellungen
in Form einer offiziellen Denkschrift (beyanname) nieder,
die er den Regierungen der drei Länder unterbreitete. Diese
Schreiben waren in herzlichem Ton gehalten, und es gab darin nichts, was er dem einen oder anderen der Beteiligten
verheimlicht hätte.

Zusammenfassend läßt sich Togans politisches Konzept etwa
so darstellen: Als Folge seiner religiösen Weltanschauung,
die sich an den Reformen von Männern wie Mercani und Gasprinsky orientiert, hebt Togan das theokratische Prinzip des
Islams auf. Er versucht, die Religion aus staats- und gesellschaftspolitischen Angelegenheiten herauszulösen und sie
einzig und allein auf den klerikalen Bereich zu beschränken.
Bei diesen Erwägungen ist die enge Verbindung zwischen nationalem Bewußtsein und religiösem Bekenntnis von besonderer
Bedeutung. Nachdem aber der islamische Glaube als gemeinsames

---

1) Niẓām al-Mulk, Siyar al-mulūk (oder) Siyāsat-nāma, Teheran
1340/1962: S. 107 ff.: Kap. 24: Über die Notwendigkeit,
Truppen aus Angehörigen verschiedener Rassen zu rekrutieren. Kap. 25: Über das Halten von Geiseln zur Sicherung der Loyalität unterworfener Völker und Stämme.
Kap. 26: Über die Rekrutierung von Turkmenen.

Charakteristikum dieser Dualität den Vorrang hat[1], dient
er Togan als ein Mittel, die Turkvölker zum Kampf gegen die
Bolschewiken, die Ungläubigen, im Sinne des ǧihād zu motivieren und zu mobilisieren. Der Staat, den er nach dieser
Auseinandersetzung zu errichten gedachte, sollte sich nach
dem Bild der westlichen Welt orientieren, wobei islamische
Institutionen wie šarī'a und waqf entsprechend modernisiert
oder auch abgeschafft werden sollten. Als Religion für das
Volk sollte der Islam unangetastet bleiben, nicht zuletzt
um Strömungen in der Art des Kommunismus Einhalt zu gebieten.
Die Gesellschaft und Wirtschaft dieses Staates sollte in einigen Bereichen wie Bildungswesen, Industrie und Verkehr
"soziale und auch sozialistische Züge" aufweisen. Definitive
und ins einzelne gehende Aussagen lassen sich darüber anhand
der Darstellung in den Hâtıralar kaum machen.

---

[1] Hayit, Turkestan, S. 186: "Die Türken und Tadschiken Turkestans waren mit dem Islam derart verwurzelt, daß der Begriff Volk gleich Mosleme war... Die Zugehörigkeit zum Moslementum bedeutete für sie alles... Deswegen war der Islam die eigentliche Quelle der nationalen Widerstandsbewegung...".

C   Zusammenfassung

Am Anfang seines Lebens war nicht vorauszusehen, daß Zeki Velidi Togan eines Tages maßgeblicher Führer der turkestanischen Befreiungskämpfe und später ein führender Wissenschaftler in der islamkundlichen Forschung werden würde. Dieser Gedanke, der der Einleitung zu Togans autobiographischem Werk zugrundeliegt, soll zum Abschluß der vorausgehenden Betrachtungen noch einmal aufgegriffen werden.

Im ersten Teil wurde versucht, den historiographischen Wert der Memoiren zu ermitteln. Dabei wurden auch die Aussagen Nazmiye Togans, der Witwe Zeki Velidis, herangezogen. Das dabei festzustellende hohe Maß an Authentizität erlaubte es, bei den nachfolgenden Betrachtungen das Augenmerk im wesentlichen auf die umfangreiche Autobiographie zu richten. Die Aussagen einer Reihe anderer Autoren, die sich wie Togan mit der Geschichte Turkestans befaßten, trugen in den meisten Fällen lediglich dazu bei, Togans Darstellungen zu überprüfen und zu verifizieren. Togans Werk nimmt nach Qualität und Quantität unter den Arbeiten zur Geschichte Turkestans - und insbesondere Baschkiriens - im 20. Jahrhundert einen hervorragenden Platz ein.

Abgesehen von einigen wenigen Angaben Togans, die im Rahmen dieser Arbeit auch berücksichtigt wurden, enthalten die Memoiren keine weiteren tiefergehenden Reflexionen des Autors nach kausalen Zusammenhängen in seinem Werdegang. Dennoch läßt allein die Abfolge der Ereignisse, an denen Togan selbst teilhatte und die dazu beitrugen, seine Weltanschauung zu formen, eine stetig verlaufende Entwicklung erkennen, eine Kontinuität, in der kausale Zusammenhänge nicht fehlen. Eine solche Kausalität nimmt Togan als Historiker nicht nur für sein philosophisches Geschichtsbild in Anspruch, wie es z.B. in seinem späteren Werk über "die Methode in der Geschichte" zum Ausdruck kommt, sondern konsequenterweise auch für seinen persönlichen Werdegang, wie er in den Memoiren dargestellt ist.

Im Hauptteil wurden die verschiedenen Perioden betrachtet, in denen zunächst die Grundlagen für Togans Weltbild entstanden, die in der Folgezeit ihre Vertiefung und Akzentuierung erhielten. So kam es in Zeki Velidis Kindheit zur Absorption des islamischen Glaubens einmal in der traditionsgebundenen orthodoxen Form, wie sie seine Eltern vertraten; zum anderen wurde Zeki Velidi durch die Klasse der Molla mit einem fortschrittlichen und liberalen islamischen Bewußtsein konfrontiert. Sein Verständnis der islamischen Religion und seine Einstellung zu religiösen Fragen im allgemeinen beruhen im wesentlichen auf einer Synthese dieser beiden Elemente. In dieser Zeit wurde ihm auch die Problematik im Verhältnis der Russen und der nichtrussischen Muslime offenkundig. Seine beiden Forschungsreisen nach Turkestan trugen dazu bei, seine Eindrücke von der Situation der unterprivilegierten Turkvölker zu vertiefen und seine Orientierung in der Auseinandersetzung zwischen den Türken Zentralasiens und den Vertretern des Großrussentums zu festigen. Gleichzeitig verschaffte sich Zeki Velidi an der Universität von Kazan in einem breitgefächerten Studium, in dem bereits erste wissenschaftliche Arbeiten entstanden, die Grundlagen seiner späteren Laufbahn als Historiker.

Aus dem überaus starken Einfluß des Milieus, in dem er aufwuchs, zusammen mit dem Studium, dessen Schwerpunkt schon damals auf dem Gebiet der Orientforschung lag, ergab sich jene Motivation, die Togan gleichsam vor die Notwendigkeit stellte, sich der Politik zuzuwenden. In dieser Betätigung sah er eine Möglichkeit, den Turkvölkern Rußlands gemäß seinen eigenen Vorstellungen von Nutzen zu sein. Er setzte alle seine Hoffnungen auf die Ideologie des Sozialismus und bemühte sich zunächst in Zusammenarbeit mit den Bolschewiken um das Wohlergehen, das heißt um die Unabhängigkeit seines baschkirischen Volkes. Danach kämpfte er unter gleichem Vorzeichen um die Errichtung eines autonomen, gesamttürkischen Nationalstaates. Nachdem beide Vorhaben gescheitert waren, gelangte er als ein überzeugter Feind des Sozialismus und des Kommunismus im Jahre 1925 nach Europa, wo seine politischen

Aktivitäten mehr und mehr hinter den wissenschaftlichen, insbesondere den historiographischen, zurücktraten. Der Gegenstand seiner Auseinandersetzung blieb dabei im Grunde genommen unverändert, nämlich "das Schicksal des Türkentums", oder anders ausgedrückt, die Geschichte der Turkvölker, an deren Gestaltung er für einige Jahre - wenngleich ohne bleibende Erfolge - mitgewirkt hatte. Der Titel seines 1970 erschienenen Buches "Türklüğün mukadderatı üzerine" bringt deutlich die sicherlich mehr als nur ideologisch motivierte Verbundenheit zum Ausdruck, die Togan auch noch ein halbes Jahrhundert später den Turkvölkern Asiens gegenüber empfand.

Im Rahmen dieser Arbeit war es nicht möglich, die Fülle der in den Memoiren enthaltenen Informationen vollständig zu bearbeiten und auszuwerten. Eine große Anzahl von Hinweisen mußte außer Betracht bleiben. Dies betrifft volkskundliches Material, insbesondere über die Baschkiren. Daneben gibt es eine lange Reihe von Daten, die teils für die Geschichtschreibung im allgemeinen, teils für die islamkundliche Forschung von Bedeutung sind. Zu den ersteren gehören Hinweise auf den Verlauf der politischen und militärischen Auseinandersetzung zwischen den Russen, Bolschewiken und den Türken in Zentralasien. Zur zweiten Kategorie gehören beispielsweise Aussagen zum Şūfītum, zur Situation des Islams im damaligen Rußland und zum damaligen Verhältnis des Islams zum Kommunismus. Zweifelsohne würde eine systematische Erschließung und Auswertung aller Angaben, angefangen von der knappen Randbemerkung bis hin zur genauen Beschreibung eines größeren Sachverhalts, wichtige Aufschlüsse und Erkenntnisse über die Geschichte der Turkvölker erbringen, dürfte aber zweckmäßigerweise im Rahmen einer Übersetzung erfolgen.

D Anlagen

I. Wortlaut des Interviews mit Frau Nazmiye Togan am 13. August 1979 in Ankara

1

Frage: Hatte Zeki Velidi die Absicht, seine Memoiren über das Jahr 1925 hinaus fortzusetzen?

Antwort: Nein, denn er sagte: "Mein Leben reicht [dafür] nicht aus". Er hatte übrigens auch aus der Zeit, nachdem er 1920 in die Türkei gekommen war, sehr interessante Erinnerungen, sagte aber: "Mein Leben reicht dafür [nämlich für eine Niederschrift] nicht aus". "Sowohl die Gespräche mit Politikern in der Türkei als auch mit Atatürk und daneben mit Dozenten der Universität - also mit seinen Freunden - während seiner Lehrtätigkeit an der Universität, waren sehr schöne Erinnerungen", sagte er. Aber sein Leben reichte dafür eben nicht aus.

2

Frage: Gibt es zu den Memoiren ein Manuskript, Vorarbeiten oder Materialien?

Antwort: Es gibt schriftliches Material. Denn er hatte jedes Jahr wichtige Ereignisse in einem Notizbuch festgehalten. Daneben unterhielt er Korrespondenzen mit seinen Eltern und Freunden.

3

Frage: Zu Zeki Velidis Geburtsdatum - Im allgemeinen wird der 10. Dezember 1890 angegeben. Doch gibt Zeki Velidi selbst das Jahr 1891 an: Die Differenz zwischen dem gregorianischen und dem julianischen Kalender beträgt aber nur dreizehn Tage!

Antwort: Es ist der 10. Dezember 1890 eingetragen, doch

wird daneben aber auch das Jahr 1891 angegeben. Es wird von
1890 gesprochen, aber später, als er an der Universität war,
hat man eine Korrektur vorgenommen und das Datum auf 1891
festgesetzt. Dabei bezog man sich auf den Paß, mit dem er
seiner Zeit nach Frankreich und Deutschland gekommen war,
und darin war das 1891 eingetragen.

4

Frage: Wer war Zeki Velidis fünfter Großvater (... Küzen
oğullarından olan beşinci ceddim İştogan, H 5)?

Antwort: Ich weiß darüber soviel: Auch ich kenne den Namen
İştogan, woraus der Name Togan abgeleitet wird. Den Buchstaben 'ş' gibt es nur in der Türkei und in Rumänien, sonst
aber in keinem anderen Land. Deshalb haben wir diesen Buchstaben weggelassen, so daß 'Togan' übrigblieb.

5

Frage: "Bu hâtıralara kaynak olan malzeme..." (Beginn des
Vorworts): Von welcher Art war dieses Material, das 1923
auf verschiedenen Wegen aus Rußland herausgeschleust worden
war? Um welche wichtigen Dokumente handelte es sich? Welcher
Art waren die Aufzeichnungen, auf die sich Zeki Velidi bei
seiner Niederschrift stützte: Regelmäßige Tagebucheintragungen oder gelegentliche Notizen?

Antwort: Es handelt sich um regelmäßig eingetragene Notizen.
Diese Notizen hat er jedes Jahr in einem bestimmten Heft
niedergeschrieben, und diesen Heften hat er seine Erinnerungen entnommen. Und ich wiederhole: In den Jahren 1957
und 1958 war er in den Vereinigten Staaten, wo er 14 Bundesstaaten und Provinzen bereiste. Er sagte, daß er dort in
den Bibliotheken der Universitäten in Palo Alto (Calif.)
und Seattle, vor allem in deren Archiven gearbeitet habe.
Es gab dort russische Veröffentlichungen, von denen er eine
große Zahl von Fotokopien gemacht hat. Mit diesen hat er
seine Memoiren vervollständigt.

6

Frage: Zeki Velidi begann mit der Niederschrift seiner Memoiren im Frühjahr 1924 in Berlin. Weshalb konnte er nicht bereits in der Zeit von 1925 bis 1932 in der Türkei einen geeigneten Verleger für sein Werk finden? Hatte das politische Gründe insofern, als in der Ideologie Mustafa Kemals für panturkistische und panislamistische Vorstellungen kein Raum war? - Ist dies auch der Grund, weshalb Zeki Velidi bei seiner Ankunft in Istanbul am 27. November 1922 zunächst keine Aufenthaltsgenehmigung erhielt und kurz darauf nach Frankreich weiterfuhr?

Antwort: Nein, denn Mustafa Kemal war selbst Panturkist. Hinsichtlich des Panislamismus weiß ich nichts Näheres. Aber damals bestand in der Türkei auf Seiten der Türken kein Interesse an den Nichttürken, das heißt an den Türken außerhalb der Türkei. Es ist ja auch heute noch so. Wenn er also damals seine Memoiren veröffentlicht hätte, dann wäre er damit bei den Türken auf kein Interesse gestoßen. Das ist der erste Grund. Der zweite Grund besteht darin, daß er selbst die Memoiren nicht sofort (also zu einem so frühe Zeitpunkt) schreiben wollte, denn er fürchtete, daß er Namen von Persönlichkeiten preisgeben könne, die dann in Rußland verfolgt würden. Es gibt beispielsweise darin einige solche Namen. Wenn die Russen, die Kommunisten, erführen, daß diese Namensträger mit Zeki Velidi in Verbindung stehen, dann würden sie die betreffenden Personen verfolgen, in die Verbannung schicken oder ins Gefängnis sperren. Deshalb sagte er, daß er nicht schon zu jener Zeit geschrieben hätte. - Später wandte sich jemand aus Amerika an ihn und bat ihn, seine Erinnerungen niederzuschreiben. Angeregt davon, begann er wieder daran zu arbeiten. Er schrieb weiter und vollendete sie, konnte sie aber danach nicht selbst drucken lassen.

7

Frage: Hat sich Zeki Velidi über den Wert seiner Autobiographie als historische Quelle geäußert? Insbesondere deshalb, weil sie von einem Historiker verfaßt ist?

Antwort: Er sagte, er habe alle Ereignisse stets wahrheitsgemäß niedergeschrieben, nämlich so, wie sie sich tatsächlich ereignet hätten. Soviel ist mir darüber bekannt.

8

Frage: Welche Absichten hat er mit dieser Niederschrift verknüpft? Hierbei ist sicherlich zu berücksichtigen, daß seine Memoiren zu einem großen Teil seine politische Laufbahn beschreiben.

Antwort: Es war sein Anliegen und sein Ziel, daß der Kampf Turkestans der Weltöffentlichkeit bekannt gemacht werde. Die nationalen Kämpfe der Türken in Turkestan gegen die Russen sollten von der ganzen Welt zur Kenntnis genommen werden. Das war sein größtes Anliegen.

9

Frage: Inwieweit hat sich Zeki Velidi in späterer Zeit - insbesondere in der Zeit vor der Publikation - noch mit dem Inhalt seiner Memoiren auseinandergesetzt? An verschiedenen Stellen sind Ergänzungen und Nachträge zu finden: Hat Zeki Velidi dabei maßgebliche Korrekturen vorgenommen, z.B. die Politik oder Religion betreffend?

Antwort: (...) Er hat seine Memoiren außerhalb der Zeit niedergeschrieben, während der er unterrichtete oder Kongresse besuchte. Er besuchte nämlich viele Kongresse. In der Zeit zwischen den Kongressen setzte er die Niederschrift der Memoiren fort. Ich denke, daß er etwa sieben bis acht Jahre damit beschäftigt war. Aber nicht sehr intensiv, nur im letzten Jahr beschäftigte er sich intensiv damit.

10

Frage: Da die Memoiren erst 1969 nach sicherlich vorausgegangener Revision gedruckt worden sind, kann man sagen, daß Zeki Velidi mit seinen darin niedergeschriebenen Gedanken und Anschauungen auch im hohen Alter noch konform ging?

Antwort: Er vertrat diese Anschauungen auch noch im hohen Alter. Die Memoiren von 1969 enthalten zwar mancherlei Korrekturen. Aber das Werk war 1925 noch nicht vollständig niedergeschrieben. Er hat im wesentlichen erst in den letzten sieben bis acht Jahren an seinem Werk gearbeitet. Auf der anderen Seite hat er hierzu kein Programm aufgestellt und keinen Plan des Werkes entworfen, wie er es schreiben und worauf er besonderen Wert legen würde. Das hat er nicht gemacht. Er hat vielmehr erst in den letzten Jahren mit Nachdruck daran gearbeitet, vor allem in den beiden letzten Jahren, bis er es schließlich zum Druck gab. Eine Frau hat es mit der Schreibmaschine geschrieben. Danach wurde es zum Druck gegeben.

Er wollte die Welt von den Kämpfen gegen die Russen in Turkestan in Kenntnis setzen, davon, daß dort Türken lebten, daß sie Ideale hätten und daß diese noch nicht gestorben seien, und daß sie sich im Kampf gegen die Russen befänden. Dies alles der Welt mitzuteilen, das war sein Ziel.

11

Frage: Am 31. Juli 1925 traf Zeki Velidi das erste Mal mit Mustafa Kemal zusammen. Während seiner Lehrtätigkeit in Istanbul folgten weitere Besuche: Wie war Zeki Velidis Verhältnis zu Mustafa Kemal und dessen Politik?

Antwort: Nachdem Zeki Velidi in die Türkei gekommen war, hatte er sehr gute Beziehungen zu Mustafa Kemal, der ihn bei sich zu Tisch lud. Aber diese mißgönnten ihm verschiedene Emigranten aus Rußland, und sie brachten ihn durch üble

Nachrede in Mißgunst. - Einmal sagte Mustafa Kemal während eines Essens zu meinem Mann: "Beweise der wissenschaftlichen Welt, daß Zentralasien ausgetrocknet ist und daß deshalb die Türken aus Zentralasien nach Anatolien gekommen sind!" Darauf erwiderte mein Mann: "Oh Paşa! Das kann ich nicht. Das soll ein anderer tun! Ich habe einen Namen. Denn ich werde als Historiker anerkannt, ich kann diese Aufgabe nicht ausführen. Sie können einen anderen damit betrauen. Ich komme nämlich aus Zentralasien, und Zentralasien ist grasgrün wie Bursa, ja, so grün ist es. Zentralasien ist nicht ausgetrocknet". - Unter diesen Gegnern befanden sich auch Sadrî Maksudî Arsal und andere. Sie nahmen diese Angelegenheit zum Anlaß, gegen Zeki Velidi zu arbeiten. Das hat mein Mann in einem Werk mit dem Titel "Siebzehn Städte unter dem Sand und Sadrî Maksudî Bey"[1] geschildert. Er hat in diesem Werk dargelegt, daß die Städte in Zentralasien nicht ausgetrocknet waren. - Er hatte große Achtung vor Mustafa Kemal. Er billigte seine Politik und seinen Turkismus. Atatürk war Turkist. Zu seiner Zeit sind sogar die Schädel vermessen worden. Leute wie Şevket Aziz Kansu haben damals die Schädel vermessen[2]. Aber mein Mann war kein Schädelmesser und ebensowenig ein Rassist. So wurde er auch 1944 vom Gericht von der Anklage des Turanismus und des Rassismus freigesprochen. Aber er wurde zu zehn Jahren verurteilt, weil er eine "Geheime Vereinigung zum Sturz der Regierung" aufgestellt haben sollte. Diese Vereinigung war frei erfunden. Es gab nämlich Turkestaner aus Rußland, die in deutsche Gefangenschaft geraten waren. Um diesen zu helfen, hatte er die Gründung einer Vereinigung angestrebt, denn dadurch wollte er den

---

1) Uluçay-Dickson, "Published Writings", S. XXXIX Nr. 65: Onyedi kumaltı şehri ve Sadrî Maksudî Bey. İstanbul 1934.
2) Kansu, "Rassengeschichte der Türkei", Belleten XL (1976), S. 343-402.

Gefangenen Lebensmittel, Schuhe und Kleidung schicken. Aber... Hinsichtlich der Politik Mustafa Kemals kann ich nichts sagen. Zeki Velidi schätzte Atatürk, denn er hat die türkische Nation gerettet. Er schätzte ihn in jeder Hinsicht. Über den Grund ihrer Entzweiung sagte er, "das ist eine persönliche Angelegenheit". Man fragte ihn sogar einmal während eines Kongresses in Österreich, ob er dorthin gekommen wäre, weil es zum Zerwürfnis mit Mustafa Kemal gekommen sei. Er sagte: "Bitte keine Einmischung. Das ist unsere persönliche Angelegenheit".

12

<u>Frage</u>: Was waren die Gründe, die Zeki Velidi 1932 veranlaßten, der Türkei den Rücken zu kehren und nach Europa zu gehen?

<u>Antwort</u>: Auf dem ersten Historikerkongreß haben die Leute, die ich eben erwähnte, ihre Angriffe gegen ihn fortgesetzt. Er sah ein, daß er hier nicht werde arbeiten können. Daneben trug er sich mit dem Gedanken, nach Wien zu gehen, um dort die Promotion zu erstreben. Deshalb trat er zurück und ging nach Wien. Dort arbeitete er als Student bei Dopsch[1]. Er schrieb dort seine Doktorarbeit mit dem Titel "Ibn Faḍlāns Reisebericht"[2].

13

<u>Frage</u>: Zu Zeki Velidis Biographie nach 1939: Welches Verhältnis hatte er nach Atatürks Tod zu der Regierung İsmet İnönü?

<u>Antwort</u>: Diese Frage ist zum Teil unter 11 beantwortet.

---

1) Jansky, "Armağan", S. XXII: Bei ihm hörte Zeki Velidi Wirtschaftsgeschichte.
2) Uluçay-Dickson, "Published Writings", S. XL Nr. 77: Ibn Faḍlāns Reisebericht, AKM XXIV, 3 (1939).

Zeki Velidi wurde 1939 nach dem Tod Atatürks, als er Professor an der Universität Göttingen war, von İsmet Paşa in die Türkei zurückberufen und zurückgeholt. Er hatte ihm gegenüber kein negative Haltung. Ich weiß es zwar nicht sicher, [aber] ich nehme nicht an, daß er İsmet İnönü gegenüber eine negative Haltung einnahm.

14

Frage: Welche Gründe führten 1944 zu Zeki Velidis Inhaftierung? Liegen darüber noch Presseberichte vor? Wie lange und unter welchen Umständen war er inhaftiert? Welchen wissenschaftlichen Tätigkeiten widmete er sich in dieser Zeit?

Antwort: Es gab 1944 einen Literaturlehrer namens Nihal Atsız, der einen offenen Brief an Şükrü Saracoğlu, den damaligen Ministerpräsidenten, schrieb. Der Brief trug die Überschrift "die Teufel unter uns" und wandte sich an die Kommunisten, von denen einige Namen angegeben wurden. Darauf gingen sowohl der Bildungsminister Hasan Ali Yücel als auch Fatih Rıfkı Atay und andere Schriftsteller zum Angriff über. Danach fingen sie an, alle Leute festzunehmen, die mit panturkischen Bewegungen und dem Nationalismus in Verbindung standen. Sie kamen auch in unser Haus. Es waren drei Polizisten, und sie hielten ein Schreiben in der Hand. In diesem Schreiben der Staatsanwaltschaft stand: Beschlagnahmen Sie alle Bücher, die den Turkismus und den Turanismus betreffen! Aber in unserer Bibliothek gehörten eben alle Bücher zum Turkismus und zum Turanismus, bei uns gibt es nämlich nur Bücher über die türkische Geschichte. Sie haben einen Teil davon beschlagnahmt und mitgenommen. Diese Bücher sind verlorengegangen. Mit besonderer Dreistigkeit konfiszierten sie die Bücher aus dem Ausland. Die Publikationen des Kultusministers ließen sie liegen. Daneben gibt es bei uns natürlich auch Bücher, die den Islam und die türkische Geschichte betreffen. Einen Teil von ihnen beschlagnahmten sie, einen anderen Teil ließen sie im Hause zurück. Das war der Grund.

Danach verbrachte mein Mann achtzehn Monate und zehn Tage
im Gefängnis. Nach Ablauf dieser Zeit beschloß das Militärgericht, ihn freizulassen, mit der Begründung, sein Fall
werde vom zweiten Sondergericht behandelt. Dieses zweite
Notstandsgericht hat seinen Fall nochmals behandelt und hat
ihn freigesprochen. Vom ersten Gericht wurde er zu achtzehn
Monaten und zehn Tagen Gefängnis und zu vierjähriger Verbannung nach Adapazarı verurteilt. Das zweite Notstandsgericht
jedoch hat alles rückgängig gemacht. - Sie fragen, ob es
darüber Zeitungsberichte gebe. Ja, aber diese entsprachen
den Weisungen der damaligen Regierung. Nach 1950 wurden auch
die anderen Leute, die wir als Turkisten bezeichnen, aus dem
Gefängnis entlassen. Und sogleich begannen sie, von neuem
gegen meinen Mann zu schreiben. So wandten sie sich z.B.
in der Zeitschrift Orhan gegen meinen Mann.

Während er im Gefängnis war, hat er sein Werk "Umumî Türk
Tarihine Giriş"[1] geschrieben. Mit der Hilfe von Freunden haben wir dieses Werk drucken lassen. Wir hatten kein Geld.
Dann schrieb er die Geschichte Timurs. Diese habe ich mit
der Schreibmaschine geschrieben. Das Werk umfaßt 600 bis 700
Seiten und beschreibt die Epoche Timurs und seiner Söhne
zusammen mit dem kulturellen Leben[2]. Danach hat er an einigen Aufsätzen gearbeitet, z.B. über die Ansichten Léon Cahuns[3]
und Henry H. Howorths[4] zur türkischen Geschichte. Er hat am
Nogay-Epos gearbeitet und darin auch meinen Sohn Sübidey

---

1) Togan, Umumî Türk Tarihine Giriş, Bd I (Alles erschienene),
   İstanbul 1946.
2) Uluçay-Dickson. "Unpublished Works", S. XLVII Nr. 11: Die
   Geschichte Timurs sollte im VI. Bd der Umumî Türk Tarihi
   unter dem Titel Timūr ve Oğulları erscheinen.
3) Cahun, Introduction à l'histoire de l'Asie, Paris 1896.
4) Howorth, History of the Mongols from the 9th to the 19th
   century, London 1876-1927.

Togan angeredet. Auch an der baschkirischen Geschichte hat er geschrieben[1]. Er war im Gefängnis nie untätig, sondern hat immer gearbeitet. Später hat man die baschkirische Geschichte aus Rußland verlangt. Die Russen wandten sich an das Rektorat und schrieben in einem Brief an den Direktor, daß sich an seiner Universität ein Professor befände, der sich mit der Geschichte Baschkiriens beschäftige. Dabei nannten sie keinen Namen. Von ihm verlangten sie Informationen. Mein Mann sagte zum Direktor, "ich habe Material darüber, aber es ist nicht mit der Maschine geschrieben". Der Rektor nahm all das Material und ließ es tippen. Es umfaßte 162 oder 168 Seiten. Ein Exemplar ist nach Baschkirien geschickt worden.

15

Frage: Gibt es neben den Memoiren Artikel, Aufsätze in türkischen Publikationen - oder vielleicht auch nicht publizierten Schriften -, in denen Zeki Velidi zu Fragen der Politik und der Religion Stellung nimmt?

Antwort: Das Thema Religion hat er hauptsächlich auf Kongressen behandelt. So hat er auf einem Kongress in Pakistan einen Vortrag über Koran und Religion gehalten, den später sein Schüler Tuncer Baykara in Form einer kleinen Abhandlung veröffentlichte. Sonst befaßte er sich mit der Religion nicht. Sein größtes Anliegen galt dem Kampf gegen den Kommunismus. Darüber hat er sich in verschiedenen Zeitschriften geäußert, in den Zeitschriften Bozkurt, Çınar, Toprak und dergleichen.

16

Frage: Wo befindet sich Zeki Velidis schriftlicher Nachlaß? Welche Pläne bestehen hinsichtlich des Nachlasses?

---

1) Uluçay-Dickson, "Unpublished Works", S. XLIX Nr. 21.

Antwort: Der Nachlaß befindet sich zu Hause in Küçük Yalı in der Bibliothek. Meine Tochter İsenbike hat einen Teil der Bücher hierhergebracht (nach Ankara), weil sie auf diesem Gebiet an der Harvard-Universität promoviert hat und sich dieser Bücher weiterhin bedienen möchte. Der größte Teil befindet sich in Küçük Yalı, vor allem das Material der Memoiren und die Korrespondenz. Viele Leute fragen nach dem Nachlaß. Ich hoffe, daß ich im Dezember nach Istanbul fahren werde, um das zu regeln. Wir haben uns diesbezüglich noch nicht völlig entschieden. Einmal dachten wir, den Nachlaß an den Türkischen Geschichtsverein (TTK) abzutreten. Mein Sohn widersetzte sich, weil er der Meinung war, daß sich eines Tages vielleicht Zekis Enkel damit auseinandersetzen würden. Wir haben uns also noch nicht entschieden. Es fehlt kein einziges Buch, alles steht noch so, wie es war.

17

Frage: Welche Lebensbeschreibungen Zeki Velidis gibt es?

Antwort: Es gibt in verschiedenen Zeitschriften einiges darüber, aber es gibt keine vollständige Biographie. Zur Zeit bringt die Universität Erzurum eine solche heraus. Ein Heft der Universitätsreihe ist bereits erschienen. Das Werk wird 680 Seiten umfassen. Wir erhielten das Schreiben eines Dozenten, in dem dieser eine Liste der Werke und nicht publizierter Schriften Zeki Velidis verlangt. Ich und meine Tochter haben darüber in Küçük Yalı zwei, drei Tage gearbeitet und alle handschriftlichen Arbeiten durchgesehen und eine Liste davon aufgestellt. Ich glaube, daß die Universität Erzurum dieses Werk binnen Jahresfrist herausbringen wird[1].

---

1) Näheres s. S. 9 Anm. 1 der vorliegenden Arbeit.

II. Karte von Zentralasien

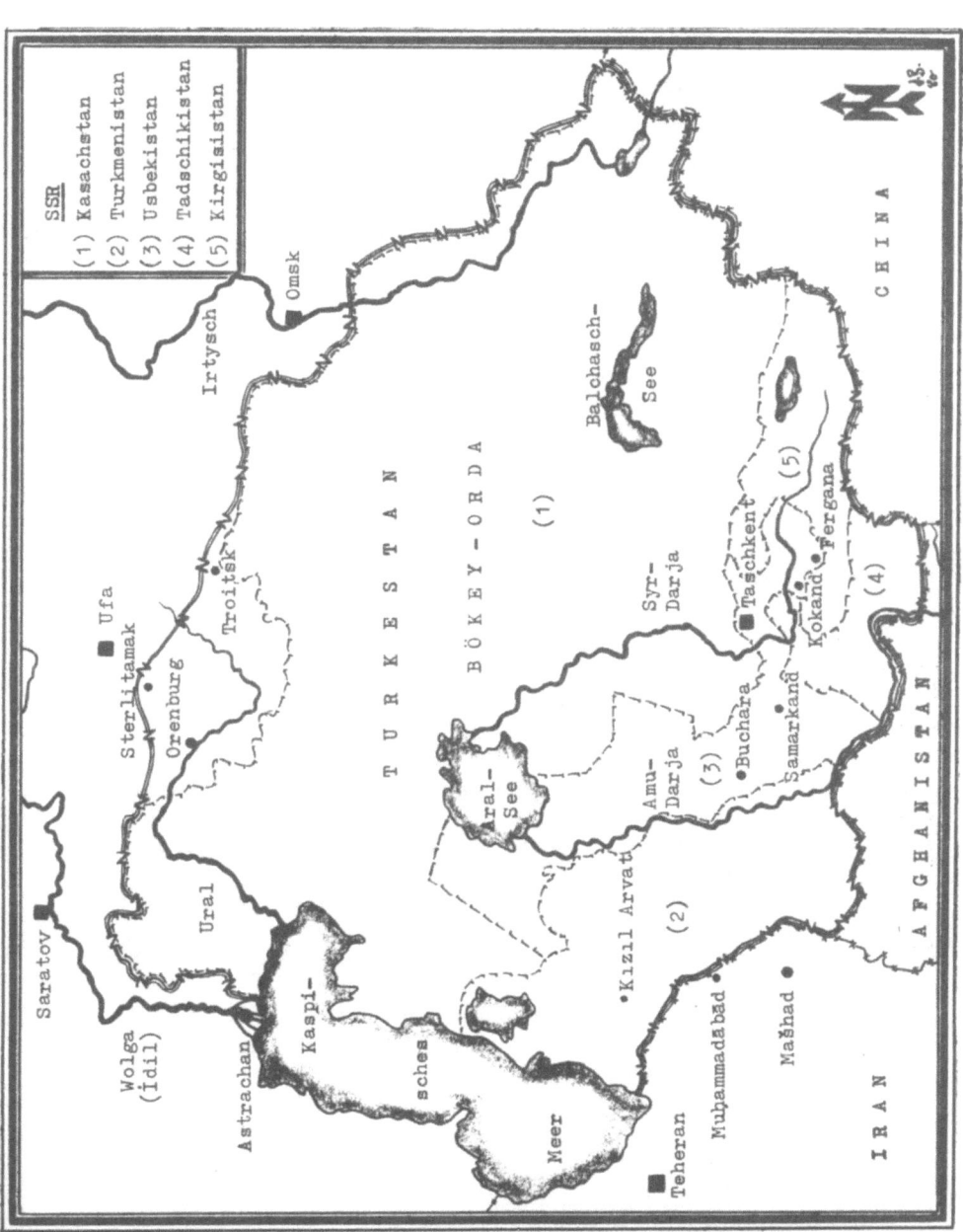

Karte von Zentralasien (Legende)

Maßstab 1 : 15 000 000

—·—·—· : Staatsgrenze

=N=N= : Grenze des Turkestan-Staates aus der Sicht Togans und anderer Panturkisten (H 626 f)

—·—·—·— : heutige Grenzen in der UdSSR

III. Literaturverzeichnis

AKM = Abhandlungen für die Kunde des Morgenlandes

Algar, Hamid: "The Naqshbandī Order. A preleminary survey of its history and significance", SI XLIV (1976), S. 123-52.

Arat, Reşid Rahmeti: "Kazakıstan", IA VI (1955), S. 494-505.

Arif Bey, Mehmed: Başımıza Gelenler. İstanbul 1974.

Baron, Samuel H.: Plekhanov. The Father of the Russian Marxism. Stanford 1963.

Barthold, Wilhelm: "Daghestan", EI I (1913), S. 924-9.

-: "Sarten", EI IV (1934), S. 187.

-: "Tādjīkī", EI IV (1934), S. 648.

-: "Ulug Beg und seine Zeit", deutsche Bearbeitung von Walther Hinz, AKM XXI, 1 (1935).

-: Zwölf Vorlesungen über die Geschichte der Türken Mittelasiens. Berlin 1935.

Battal, A. und Taymas: Kazan Türkleri. Tarihî ve siyasî görüşler. İstanbul 1925.

-: İki Maksudîler-Kişilikleri, fikir hayatları ve eserleri. İstanbul 1959.

-: "Die moderne kazantürkische und baschkirische Literatur", HO erste Abteilung, V. Band (1963), S. 430 f.

Belleten = Türk Tarih Kurumu Belleten. Ankara 1973 ff.

Benningsen, Alexandre: "Die Türken unter der Zaren- und Sowjetherrschaft", Frankfurt a. M. 1966 (= Fischer Weltgeschichte 16, Zentralasien, S. 197-216).

Benningsen, Alexandre und Chantal Lemercier-Quelquejay: Islam in the Soviet Union. London 1967.

Benzing, Johannes: "Das Baschkirische", PTF I (1959), S. 421-34.

Beşikçi, Ismail: Türk Tarih Tezi ve Kürt Sorunu. Ankara 1977.

Boilot, D. J.: "Maître Abū l-Rayḥān al-Bērūnī, un précurseur de la science moderne et du dialogue culturel au XIe siècle", MIDEO XI (1972), S. 353-64.

Bräker, Hans: Kommunismus und Weltreligionen Asiens. Bd I: Kommunismus und Islam. Tübingen 1969.

Brands, Horst Wilfried: "Baymirza Hayit. Turkestan zwischen Rußland und China. Eine ethnographische, kulturelle und politische Darstellung (usw.). Amsterdam 1974", ZDMG 124 (1974), S. 417-22.

Brockelmann, Carl: Geschichte der arabischen Litteratur. Leiden 1937-49.

Browne, Edward G.: A Literary History of Persia. Vol. I-IV. Cambridge 1956.

Bulgakov, Pavel Georgievič: Žizń i trudy Beruni. Taschkent 1972.

Buluç, Sâdettin: "Şaman", IA XI (1970), S. 310-35.

Büttner, Friedemann (ed.): Reform und Revolution in der lamischen Welt. München 1971 (= List Taschen_her der Wissenschaft 1505).

Cahun, Léon: Introduction à l'histoire de l'Asie. Paris 1896.

CAJ = Central Asiatic Journal.

Caroe, Sir Olaf Kirkpatrick: Soviet Empire. The Turks of Central Asia and Stalinism. London 1953.

Carrere d'Encausse, H.: Reforme et Révolution chez les musulmans de l'Empire russe (Bukhara, 1867-1924). Paris 1965.

Cevdet Paşa, Ahmed: Tezâkir 1-12. Cavid Baysun (ed.). TTK Yayınları II, 22 (1953).

Cour: "Şeyh", IA XI (1970), S. 461 f.

Cragg, Ernest: Counsels in contemporary Islam. Edinburgh 1965.

Draper, John William: History of the conflict between religion and science. London 1904.

Eckmann, János: "Das Tschaghataische", PTF I (1959), S. 138.

EI = Enzyklopädie des Islams. Bde I-IV, Leiden-Leipzig 1913-34.

EI (2) = The Encyclopaedia of Islam. New Edition, Leiden 1954 ff.

Engels, Friedrich: Ludwig Feuerbach und der Ausgang der klassischen Philosophie. Berlin 1946.

Esin, Emel: "Zekî Velidî Togan, Oğuz Destânı, Reşîduddîn Oğuznâmesinin terceme ve tahlîli, İstanbul 1972", İTED V (1973), S. 319.

Findeisen, Hans: Schamanentum, dargestellt am Beispiel der Besessenheitspriester nordeurasiatischer Völker. Stuttgart 1957 (= Urban Bücher. Die wissenschaftliche Taschenbuchreihe 28).

-: S.J. Rudenko und die Baschkiren. Analyse und Kritik einer sowjetrussischen ethnographischen Monographie über ein Türkvolk im Uralgebiet. Abhandlungen und Aufsätze aus dem Institut für Menschen- und Menschheitskunde (Nr. 59). Rengsdorf üb. Neuwied 1963.

Finley, Moses J.: The Greek Historians. London 1959.

Fragner, Bert G.: Persische Memoirenliteratur als Quelle zur neueren Geschichte Irans. Wiesbaden 1979.

Gabain, Annemarie von: "Die zentralasiatischen Turksprachen", HO erste Abteilung V. Band (1963), S. 139.

Gökbilgin, M. Tayyib: "Zeki Velidi Togan'ın Hâtırasına Armağan" (Vorwort), İTED V (1973), S. 1 f.

Gövsa, İbrahim Alâettin: Türk Meşhurları Ansiklopedisi. O.A.

Gramlich, Richard: "Die schiitischen Derwischorden Persiens, erster Teil: Die Affiliationen", AKM XXXVI, 1 (1965), S. 182-252.

Grunebaum, Gustav Edmund von (ed.): Der Islam II. Die islamischen Reiche nach dem Fall von Konstantinopel. Frankfurt a.M. 1971 (= Fischer Weltgeschichte 15).

Hayit, Baymirza: Sowjetrussische Orientpolitik am Beispiel Turkestans. Köln-Berlin 1962.

-: Turkestan im XX. Jahrhundert. Darmstadt 1962.

-: Turkestan zwischen Rußland und China. Eine ethnographische, kulturelle und politische Darstellung zur Geschichte der nationalen Staaten und des nationalen Kampfes Turkestans im Zeitalter der russischen und chinesischen Expansion vom 18. bis ins 20. Jahrhundert. Amsterdam 1971.

Hellmann, Manfred (ed.): Die russische Revolution 1917. München 1964.

HO = Handbuch der Orientalistik.

Hostler, Charles Warren: Turkism and the Soviets. The Turks of the World and their political Objectives. London-New York 1957.

Howorth, Henry H.: History of the Mongols from the 9th to the 19th century. 4 in 5 Bden, New York o.J. (Nachdruck der Ausgabe London 1876-1927).

İA = İslam Ansiklopedisi.

İTED = İslâm Tetkikleri Enstitüsü Dergisi.

İÜEFM = İstanbul Üniversitesi Edebiyat Fakültesi Mecmuası.

Jahn, Karl: "Ahmed Zeki Velidi Togan (1890-1970)", CAJ XIV (1970), S. 309 f.

Jansky, Herbert: "Ahmet Zeki Velidi Togan", 60. Doğum Yılı Münasebetiyle Zeki Velidi Togan'a Armağan, Symbolae in honorem Z.V. Togan (İstanbul 1950-55), S. XVII-XXXI.

Kansu, Şevket Aziz: "Rassengeschichte der Türkei", Belleten XL (1976), S. 353-402.

Karaalioğlu, Seyit Kemal: Ansiklopedik Edebiyat Sözlüğü. İstanbul 1969.

Kaushik, Devendra: Central Asia in Modern Times. A history from the early 19th century. Moscow 1970.

Kissling, Hans Joachim: "Aus der Geschichte des Chalvetijje-Ordens", ZDMG 103 (1953), S. 243-89.

Klimovič, L.: Islam v Tsarskoy Rossii. Moskau 1936.

Köhler, Petra: Die Bedingungen der Möglichkeiten von ästhetischer Wahrnehmung und Kunstproduktion bei Plechanov. Freiburger Magisterarbeit 1979/80.

Köprülüzade, Mehmed Fuad: Influence du Chamanisme Turco-Mongol sur les Ordres Mystiques Musulmans. İstanbul Darülfünunu Türkiyat Enstitüsü Muhtarları. İstanbul 1929.

Marx, Karl: Zur Kritik der politischen Ökonomie. Berlin 1859.

Mende, Gerhard von: Der nationale Kampf der Rußland-Türken. Berlin 1936.

MIDEO = Mélanges de l'Institut Dominicain d'Etudes Orientales. Kairo 1954-77.

Misch, Georg: Geschichte der Autobiographie, 4 Bde. Frankfurt a.M. 1949-69.

Namık, Hüseyn: Türk Dünyası. İstanbul 1932.

Niẓām al-Mulk: Siyar al-mulūk (oder) Siyāsat-nāma. Hubert Darke (ed.). Teheran 1340/1962.

Ögel, Bahaeddin: Türk Kültür Tarihine Giriş. Bde I-V. İstanbul 1978.

Opgenorth, Ernst: Einführung in das Studium der neueren Geschichte. Braunschweig 1969.

Plamenatz, John: Ideologie. München 1972 (= List Taschenbücher der Wissenschaft 1559).

Plumb, J.H.: Men and Places. Cambridge 1962.

-: Die Zukunft der Geschichte: Vergangenheit ohne Mythos. München 1971 (= List Taschenbücher der Wissenschaft 1571).

PTF = Philologiae Turcicae Fundamenta. Bde I und II. Wiesbaden 1959 und 1964.

Raimov, R.M.: Obrazovanie Baschkirskoj ASSR. Moskau 1952.

Redhouse, James: Redhouse Yeni Türkçe-İngilizce Sözlük. İstanbul 1974.

Ritter, Hellmut: "Mevlānā Celāleddīn Rūmī ve etrafındakiler", TM VII-VIII/1 (1940-42), S. 268-81.

Roemer, Hans Robert: "Al-Bīrūnī in Germany", Universitas 15, Nr. 4 (1973), S. 337-43.

Rywkin, Michael: Russia in Central Asia. How Soviet colonial policy operates and what it portends. London 1963.

Schilling, Werner: Feuerbach und die Religion. München 1957.

Scholz, Heinrich: Religionsphilosophie von Heinrich Scholz. Berlin 1921.

Schuyler, Eugene: Turkistan. Notes of a journey in Russian Turkistan, Kokand, Bukhara and Kuldja. London 1966.

Seydahmet, Cafer: Gaspıralı İsmail Bey (Dilde, Fikirde, işte Birlik). İstanbul 1934.

SI = Studia Islamica. Paris 1953-79.

Sklair, Leslie: Die Soziologie des Fortschritts. München 1972 (= List Taschenbücher der Wissenschaft 1605).

Sovetskaja istorčeskaja Enciklopedija, Bde 1-16. Moskau 1961-76.

Steuerwald, Karl: Türkisch-Deutsches Wörterbuch. Wiesbaden 1972.

Strohmeier, Martin: Die Seldschuken im Urteil türkischer Historiker des 20. Jahrhunderts. Freiburger Magisterarbeit 1979.

Thomsen, Kaare: "Das Kasantatarische und die westsibirischen Dialekte", PTF I (1959), S. 407-21.

TM = Türkiyat Mecmuası. İstanbul 1925 ff.

Togan, Zeki Velidi: Bugünkü Türkistān ve yāqın māzisi. Kairo 1929-39.

-: "Review of G. Richard, Persiens Mystiker Djelāleddīn Rūmī", ZDMG XLII (1934), S. 151 ff.

-: "Ibn Faḍlāns Reisebericht", AKM XXIV, 3 (1939).

-: Umumî Türk Tarihine Giriş. Bd I (Alles erschienene). İstanbul 1946 (= Tarih Araştırmaları II/ 1).

-: "Musa Carullah Bigi, mesleği ve şahsiyeti", Tasviri Efkâr (Sept. 23, 24, 1949) o.A.

-: "Musa Carullah Bigi'nin hayatı ve eserleri", Selâmet 37 (1949) o.A.

-: Tarihte Usul. İstanbul 1950, zweite Auflage 1969 (İÜEF Yayınları 449).

-: "Kritische Geschichtsauffassung in der islamischen Welt des Mittelalters", Proceedings of the 22nd Congress of Orientalists held in Istanbul, September 15th to 22nd, 1951 (Istanbul 1953). Vol. I: General Information on Activities of the Congress, Zeki Velidi Togan (ed.), S. 77-85.

-: "Yeseviliğe ait bazı yeni malumat", Fuad Köprülü Armağanı (1953), S. 523-9.

-: "Gasprali (Gasprinski) İsmāʿīl", EI (2) (1965), S. 979-81.

-: Hâtıralar. Türkistan ve diğer Müslüman doğu Türklerinin millî varlık ve kültür mücadeleleri. İstanbul 1969.

-: Oğuz Destâni, Reşîduddîn Oğuznâmesinin terceme ve tahlîli. İstanbul 1972.

-: Türklüğün mukadderatı üzerine. İstanbul 1970, zweite Auflage 1977.

Trimingham, J. Spencer: The Sufi Orders in Islam. Oxford 1971.

TTK = Türk Tarih Kurumu. Ankara.

Uluçay, Çağatay und Martin B. Dickson: "Published Writings of Professor Zeki Velidi Togan", 60. Doğum Yılı Münasebetiyle Zeki Velidi Togan'a Armağan, Symbolae in honorem Z.V. Togan (İstanbul 1950-55), S. XXXIII-XLV.

—: "Unpublished Writings of Professor Zeki Velidi Togan", ib., S. XLVII-L.

Watt, W. Montgomery: The Faith and Practice of Al-Ghazālī. London 1967.

Wensinck, A.J. und J.P. Mensing: Concordances et Indices de la Tradition Musulmane. Tome I-VII. Leiden 1936-69.

Werner, Ernst: "Panturkismus und einige Tendenzen moderner türkischer Historiographie", ZfG 13 (1965), S. 1342-54.

Wheeler-Bennet, John: The Treaty of Brest-Litovsk and Germany's Eastern Policy. Oxford 1939.

Wheeler, Geoffrey: The Modern History of Soviet Central Asia. London-Edinburgh 1964.

—: The Peoples of Soviet Central Asia. London 1966.

Yazıcı, Tahsin: "Nakşbend" İA IX (1964), S. 52 ff.

—: "Pîr", ib., S. 558.

ZDMG = Zeitschrift der Deutschen Morgenländischen Gesellschaft. Leipzig 1847-1944. Wiesbaden 1945 ff.

Zenkovsky, A. Serge: "The Tataro-Bashkir Feud of 1917-1920", Indiana Slavic Studies II (1958), S. 37-62.

—: Pan-Turkism and Islam in Russia. Cambridge (USA) 1960.

ZfG = Zeitschrift für Geschichtswissenschaft. Berlin (-Ost) 1953 ff.

Nachträge:

Bala, Mirza: "İşan", İA V (1950), S. 1224-6.

Benzing, Johannes: Einführung in das Studium der altaischen Philologie und der Turkologie. Wiesbaden 1953.

Birge, John Kingsley: The Bektashi Order of Dervishes. London 1965.

Kleemann, Matthias: Landwirtschaftsformen in Turkestan. Leipzig o.J.

Lenin, Wladimir I.: Sämtliche Werke. Einzige vom Lenin-Institut in Moskau autorisierte Ausgabe. Wien-Berlin 1928.

-: Werke. Hrsg. auf Beschluß des IX. Parteitages der KPR und des II. Sowjet-Kongresses der UdSSR. 3. Auflage. Berlin 1966.

IV. Indices

1) Personen und Ethnien

ʿAbduh, Muḥammad 27
Abdurrauf (Bruder Togans) 46
Abū ʿAlāʾ al-Maʿarrī 30, 49, 69
Abū Bakr 32, 45
Afghanen 105
Agaoğlu (Agaev), Ahmed 49, 103
Ahmedşah (Togans Vater) 21-6, 28, 30, 32, 34-7, 41, 43ff
Akçura, Yusuf 49, 99, 103
Aksakov, Sergej Timofeevič 15, 69
Ali (ʿAlī) 32
ʿAlī Šīr Nevaʾī 24, 38, 44
Alp Arslan 9
Altai-Türken 72
Araber 59, 62f
Arbakov 53
Arif Bey, Mehmed 29
Artium 85
Atatürk, Mustafa Kemal 4, 10
Atay, Falih Rıfkı 13

Atsız, Nihal 13
ʿAṭṭār 24, 38

Barthold, Wilhelm 50
Barudi, Alimcan 50
Bajtursunow 84
Baschkiren passim
Bereketullah 96f
Bigi, Musa Carullah 53
al-Bīrūnī 54, 61, 63, 68
Bogoriditsky 53
Brockelmann, Carl 54
Bucharin 75, 80
Burhan Molla 50
Buschmänner 80

Çagatay, Aliasgar 49
Can, Bayram 5
Chodschajew 84
Chvostov 54
Čingiz Ḫān 9, 95f

Draper, John William 27

Ehil Molla 43
Emirhan, Fatih 52
Engländer 94, 97
Enver Paşa 8, 92, 102
Esten 100

Fazkan 34f
Fethülkadir Süleyman s. Abdülkadir İnan 1
Finnen 100
Flammarion, Camille 27
Frunze 75

Ǧaʿfar aṣ-Ṣādiq 32
Ǧalāl ad-dīn Rūmī 24, 38, 64
Gasprinsky, İsmail Bey 23, 27, 52, 99, 105
al-Gazālī 22f
Gökay, Orhan Şaih 3
Goldziher, Ignaz 54

Habibnacar (Togans Onkel) 20f, 24, 26ff, 32, 35, 37, 50, 56
Hebräer 58
Heftaliten 9
Hegel, Georg Wilhelm Friedrich 19
Herodot 58

Hoğa Ahrār 36
Hottentotten 80
Hüssein-Zadeh, Ali 99

Ibn Faḍlān 54
Ibn Ḥaldūn 51, 54, 63, 68, 95
Ibn Ḥallikān 28
Ibn Miskawayh 63
Ibn Qayyim al-Ǧauzī 47
Ibn Qutaiba 54
Ibn Saʿīd al-Maġribī 63
Ibn Taimīya 47
İbrahim, Alimcan 73
Ikramov 84
İnan, Abdülkadir 1
Inder 80, 98
İnönü, İsmet 24
İshaki, Ahmet 30
İştogan 20, 50

Jesus 69f
Juden 70
Jukagiren 71

Laçkınbaylar 44
Kadi Abdürreşit 53
Kalinin 91
Kansu, Şevket Aziz 11
Karağmiden 9
Karayev 54

Kasachen 71, 75, 90, 92, 101
Kāšifī, Ḥusain 37
Katanov 53
Kaufmann, General von 98
Kazantataren 51
Kazantürken 30
Kemal Bey Ubaydullin 47
Kerensky, F.A. 1
Keşşaf Molla 22
Kirgisen 80, 92
Koçkaroğlu, Emirhan 26
Koltschak (Admiral) 74, 90
Küzenoğulları 2o, 25

al-Laknawī, M. ʿAbdulḥaiy 28
Lenin, Wladimir Iljitsch 4, 8, 19, 57, 75, 78-87, 95ff
Letten 100
Litauer 100
Livius 59

Maksudî Arsal Sadrî 11f
Ma'mūn (Abbasidenchalif) 66
Matanov, Şerif 56, 74, 89
Mercani, Şehabeddin 24, 26f, 36, 38, 50ff, 54, 105
Michailov 72
Mischären (Mişer) 41
Mohammed (Prophet) 45, 103

Mollagul Divana 34ff, 45
Muḥammad Rizā Schah 25
Muhittin Bey 79
Muḥyi ad-dīn al-Kāfiyegī 63
Murtazin, Fatih 49, 84
Mustafa Kemal s. Atatürk

Nogay, - Stämme 50
Nogayoğulları 21
Nogay Oybaktı Mirza 21

Ömerov (Ömeroğlu) Abdurrahman 49

Peter d. Große 29, 83
Petrovsky 82
Plechanov 54, 78, 82
Polen 100
Polybios 59
Puschkin, Aleksandr Sergeevič 29

Radloff, Wilhelm 72
Raimov, R.M. 92
Rasīd ad-dīn at-Tabīb 63
Remzi, Murad 28, 30, 54
Renan, Ernest 27
Riklitsky 53
Rizaeddin Fahreddin 49
Rosen, Baron von 54

Russen passim
Ryskulow 84

Šams ad-dīn as-Saḫawī 63
Šams al-Iǧī 68
Šams-i Tabrīzī 35, 38, 45
Saken 9
Şalygin (Familie) 66
Şalygin, Kola'a 57
Saracoglu, Şükrü 13
Sarten 80
Satlıq s. Habibnacar
Satlıq, Kâfi 26
Satlıqoğlu, Kâfi 23
Satlıqoğulları 25
Schopenhauer, Arthur 27
Şinqiti, Ahmed 53
Šiškov, Aleksandr Smenevič (Admiral) 15, 69
Sse-ma Kuang 59
Sse-ma Ts'ien 59
Stalin, Josef W. 75, 79, 86f, 100
Stolypin, P.A. 73
Şūfī Allāh Yār 24, 38
Sultan-Galijew 84, 88, 90f, 99, 103
Syrer 58

Tacitus 59
Tadschiken 105f
Tāǧ ad-dīn as-Subkī 63
Tagan, Alimcan 99
Ṭāšköprizāde 28

Tataren 17, 23, 44, 53, 75, 89, 91, 99f
Tevfik Pascha (Ägypt. Chedive) 30
Thukydides 59
Togan, Isenbike 9
Togan, Nazmiye 9f, 13f
Togan, Sübidey 9
Togan, Zeki Velidi passim
Tokay, Abdullah 52
Tokumbet, Osman 1
Tolstoj, Lev Nikolaevič 15
Trotzki, Leo 75, 100
Turkestaner 101
Turkmenen 105
Turkvölker, Türken passim

Uluġ Beg 38
Ummulhayat (Togans Mutter) 23, 26
Usbeken 72, 80f, 105

Validov s. Zeki Velidi Togan
Vecdi, Ferit 27
Veli Molla 32, 50
Velid Bey 20
Velihanov, Çokan Sultan 72
Verbitsky 72

Yadrintsev 30, 48
Yavuz, Kerim 9
Yemilyanov 53
Yesevī, Ahmed 24, 34, 38
Yücel, Hasan Ali 13

Zeynullah (Scheich) 34

2) Ortsnamen und geographische Begriffe

Adapazarı 14
Ägypten 30, 47f
Afghanistan 1, 5, 77, 88, 94, 97, 104f
Ak-Bıyık 15, 42
Alagoyanbaşı 15, 44
Aliekber 15
Anatolien 11
Ankara 1, 11f
Aserbeidschan 51, 84f, 99
Astrachan 49f

Baalbek 63
Baschkirien passim
Beirut 48
Berlin 1f, 18
Buchara 1, 23, 25, 32, 37f, 54, 72, 102
Bükey-Orda 91
Bursa 11

China 85
Chiwa s. Chorasan
Chorasan 5, 23, 32f

Daghestan 25
Deutschland 4, 100

Erzurum 9
Europa 5, 10, 12, 100

Fergana 54
Fergana-Tal 81
Finnland 1, 81

Indien 5, 85, 94, 97
Iran 77, 88, 94, 97, 104
Istanbul 3, 6, 11f, 26, 30, 48, 51, 102
Isterlitamaq s. Sterlitamak

Japan 47

Kabul 1
Kasachstan 74, 88, 91ff, 99
Kaspisches Meer 91
Kaukasus 103
Kazan 24, 26f, 48, 50-4, 66, 77
Kemlik (Fluß) 50
Kirgisistan 88
Kokant 81
Konstantinopel 103
Krim 21, 51, 99f, 104
Küçük Yalı 6
Küzen 4, 15f, 21, 23, 25, 28, 31, 39, 41, 45f

Marmara-Meer 6
Medina 101f
Mekka 101f
Meleviz 33, 46

Moskau 6, 51, 75, 79, 86, 90, 92, 101
Muḥammadābād 1

Orenburg 24, 46, 48f, 56, 74, 92
Orsk 30

Palo Alto (Calif.) 1
Petersburg 82

Russisch-Turkestan 1
Rußland 3, 11, 40, 48, 50, 72, 81, 83, 85f, 88, 92ff, 98, 103

Sakmar (Fluß) 48
Saratov 50
Seattle 1
Stalingrad 13
Sterlitamak 21, 26, 96
Südkaukasus 6
Südural 55
Syrien 49

Tadschikistan 88
Taschkent 30, 81, 84
Tataristan 88
Transoxanien 35
Troitsk 34

Turan 88
Türkei 2, 4f, 10, 12f, 15, 27, 30, 49, 77, 88, 92, 94f, 102, 104
Turkestan 1, 3, 5, 7, 36, 38, 52, 76, 96-9, 101ff, 106ff
Turkmenistan 88

Ufa 21, 78
Ukraine 82, 100
Ural (Fluß) 49, 91
Ural (Gebirge) 17, 97, 100
Usbekistan 88
Ütek 16, 20, 23ff, 28, 31, 46

Vereinigte Staaten 100
Vorderasien 38, 85, 102

Volga-Becken 36
Volga (Fluß) 50, 103

Zentralasien 11, 17, 32, 60, 71, 75, 97, 101f

3) Wörter und Sachen

abzâr (=azbâr) 41
acı bal 22, 35, 43
alacık 43
Alaş Orda (nationalist. Partei Kasachstans) 74
Alliierte 13, 99ff
Altes Testament 61f, 69f
Archäologische Gesellschaft der Universität Kazan (= Gesellschaft für Archäologie, Geschichte und Ethnographie der Universität Kazan) 51, 54
arıcılık s. Bienenzucht
Atsız Mecmua (Z) 13

Baschrevkom (provisorisches baschkirisches Revolutionskomitee) 75
Bektaşī 47
Bercevije Vedomosti (Z) 30
Beyan-ül Haq (Z) 30, 52
Bibel 57, 70
bıçkı-zikri 34
Bienenzucht 42f
bilemqarav 43
bismet 40
Bolschewiken passim
Bolschewismus 99, 101
Brest-Litowsk, Frieden von 100

Chalifat 95
Christentum 69ff

Derwisch 21, 36ff
Derwischtum (Şūfītum) 34f, 37f
Dünya (Z) 13
Duma 11, 56

Edige-Epos 61, 64
Edil (Z) 30, 50
Erster Weltkrieg 86, 100

Februar-Revolution 73, 92

ǧihād 106
Groß-Baschkirien 89
Großrußland 83, 89, 98, 104

Füyuzat (Z) 30

Hâkimiyet-i Milliye (Z) 13
Hooversche Kriegsbibliothek (= Hoover Institution on War, Revolution and Peace) 1

Imam 21, 26, 33ff, 47, 80f
Imamat 22, 37
Internationales Komitee zur Erforschung Zentralasiens 54

Iram-Erzählung 63
İrşad (Z) 30
išān 34, 36
al-İslah (Z) 52
ıslahcılar s. Reformisten
Islam 17f, 20, 24, 27, 30, 33, 43, 47, 55ff, 59, 62f, 65ff, 70f, 77, 88, 93ff, 95, 102-6, 108f
Izwestija (Z) 91

Jungtürken 49

kafatasçılık s. Schädelvermessen
Kalinin-Kommission 91
Kausalitätsgesetz (-prinzip) 59, 69, 107
Keplersches Weltbild 23
Kırk Farzlar 47
Klassenkampf (Z) 79
Klein-Baschkirien 76, 89, 91
Kommunismus 2f, 19, 77, 82, 87f, 93-6, 103, 106, 108f
Kongresse: II. Komintern-Kongreß 6, II. Kongreß der muslimischen Kommunisten 90, 92, VIII. Kongreß der Kommunistischen Partei 79, 81, 96, VII. Allgemeiner russischer Sowjetkongreß 101, Geschichtskongreß (Ankara 1932) 11f

Koran 57, 61f, 65, 67, 70, 97
Kumyß 33f, 42
kurey 36
Kurultai (baschk. Parlament) 56

Malumat (Z) 30
Marxismus 19
Masora 61
medrese s. Moscheeschule
Mevlevī 35, 96
Milliyet (Z) 13
Molla 20ff, 27, 31, 33f, 36-9, 47, 81
Moscheeschule 21, 25, 26, 28, 32, 37
Muḥammadīye-Medrese 50
Muʿtazila 62, 66f

Naqšbandīya 22, 25, 32, 37
Naqšbandīya-Ḫālidīya 32
Nationalismus 14
Neues Testament 61f, 69ff
Niva (Z) 30

Ötüken (Z) 13
Oghuzen-Epos 64
Oktober-Revolution 3, 16, 73, 98, 101
Orchon-Inschriften 48
Orchon-Sprachdenkmäler 30

Orhun (Z) 13
Orkun (Z) 13
Ost-Universität (Şark Üniversitesi) 84

Panislamismus 52, 87, 97f, 102f
Panturkismus 49, 52, 54, 76, 87, 98, 102
Parteien: Kommunistische Partei (Rußland) 75, 79ff, 95, Kommunistische Partei der Muslime 90, Kommunistische Partei Baschkiriens 92, Partei der Sozialrevolutionäre (SR) 78, Sozialdemokratische Partei (Rußland) 65
Pcelovodstvo (Z) 42
Pferderennen 44
Pflugfest 44
pîr 34, 36
Prädestination 59
Prawda (Z) 91
Prophetentum 60
Prozeß von 1944 10, 12f
Ptolemäisches Weltbild 23
Pugatschew-Aufstand 29

Qāsimīye-Medrese 53

Rassismus 14
Reformisten (ıslahcılar) 51f
Ringkämpfe 44
Russische Akademie der Wissenschaften (Kazan) 51, 54

saban toyu s. Pflugfest
šaiḫ s. Scheich
šaiḫ al-Islām 38
salabaş 42
sarana 40
šarīʿa 22, 32, 36, 38, 106
Şark 30
Schädelvermessen (kafatasçılık) 11
Schamane 60, 64, 72
Schamanismus 71f
Scheich (şeyh) 20, 26, 32, 34, 36
Sowjets passim
Sozialismus 19, 76-80, 87, 90, 93ff, 108f
Srednija Asia 30
Şūfī s. Derwisch
Şūfītim s. Derwischtum
Sultanat 95
suluq 43
Şura (Z) 49
Sura-yi Ümmet (Z) 49

tasavvuf s. Derwischtum
teke zamanı s. Ziegenbockzeit
et-Telmiz (Z) 30
Tercüman (Z) 23, 27
TTK =Türk Tarih Kurumu 9
Türk Yurdu (Z) 103
Turanismus 14
Turkismus 11, 14

Ülfet (Z) 30
ʿulamāʾ 33, 35, 37, 53, 56
Ulus (Z) 13
umartalık 42
Universitäten: Berkeley 1, Erzurum 9, Irkutsk 1, Istanbul 51, Kazan 51, 54, 108, Stanford 1

Vaqıt (Z) 30
Vereinigung der autonomen muslimischen Völker Ostrußlands 99
Viehzucht 39-42

Yāsā 95f
Yesevī 32, 34ff
yılen s. bismet
yily 41
yıyın-Fest 44
Yulduz (Z) 30

waqf 106
Wilsons 14-Punkte Programm 100

zakon 22
Ziegenbockzeit 44
Zweiter Weltkrieg 14

4) Autoren

Algar, Hamid 32ff
Arat, Reşit Rahmeti 90

Bala, Mirza 36
Baron, Samuel H. 78
Barthold, Wilhelm 25, 36, 38, 80
Battal, A.-Taymas 11, 24, 90
Benningsen, Alexandre 81
Benningsen, Alexandre und Chantal Lemercier-Quelquejay 6, 47, 74, 80, 88
Benzing, Johannes 85, 89
Birge, John Kingsley 47
Boilot, D.J. 61
Bräker, Hans 52, 84, 93f

Brockelmann, Carl 31
Browne, Edward G. 37
Bulgakov, P.G. 61

Cragg, Ernest 67

Draper, John William 66, 70

Eckmann, János 30
Engels, Friedrich 94

Findeisen, Hans 29, 41, 44, 71
Finley, Moses J. 59

Gabain, Annemarie von 25
Gövsa, İbrahim A. 13
Gramlich, Richard 37

Hayit, Baymirza 29, 52, 74f, 79f, 83, 91, 96, 98, 106
Hellmann, Manfred 73

Jansky, Herbert 6, 10, 12, 21, 28f, 53, 74

Kansu, Şevket Aziz 11
Karaalioğlu, Seyit Kemal 13
Kissling, Hans Joachim 34
Köhler, Petra 78

Lenin, Wladimir I. 78, 80

Marx, Karl 19

Nizām al-Mulk 105

Ögel, Bahaeddin 40
Opgenorth, Ernst 6

Plamenatz, John 19
Plumb, J.H. 6, 59

Raimov, R.M. 92
Ritter, Hellmut 38
Roemer, Hans Robert 61

Sklair, Leslie 76
Steuerwald, Karl 34, 41ff

Thomsen, Kaare 89
Togan, Zeki Velidi passim
Trimingham, Spencer 24, 34

Uluçay-Dickson 11, 51f, 54, 63, 70

Watt, W. Montgomery 23
Wheeler-Bennett, John 100

Yazıcı, Tahsin 32, 37

Zenkovsky, A. Serge 6, 27, 29, 39, 49f, 52, 56, 73f, 89f, 96, 99

ISLAMKUNDLICHE UNTERSUCHUNGEN
herausgegeben von Klaus Schwarz

53. Susanne Enderwitz. Gesellschaftlicher Rang und ethnische Legitimation. Der arabische Schriftsteller Abu ʿUtmān al-Ğāḥiẓ über die Afrikaner, Perser und Araber in der islamischen Gesellschaft. 1979. 290 S.
ISBN 3-87997-070-x

54. Rosemarie Quiring-Zoche. Isfahan im 15. und 16. Jahrhundert. Ein Beitrag zur persischen Stadtgeschichte. 1980. 456 S.
ISBN 3-87997-072-6

55. Johannes Reissner. Ideologie und Politik der Muslimbrüder Syriens. Von den Wahlen 1947 bis zum Verbot unter Adīb aš-Šīšaklī 1952. 1980. 482 S.
ISBN 3-87997-073-4

56. Mark Alan Epstein. The Ottoman Jewish Communities and their Role in the Fifteenth and Sixteenth Centuries. 1980. ca. 280 S.
ISBN 3-87997-077-7

57. Hans Müller. Die Kunst des Sklavenkaufs nach arabischen, persischen und türkischen Ratgebern vom 10. bis zum 18. Jahrhundert. 1980. 260 S.
ISBN 3-87997-078-5

58. Bernd Radtke. Al-Hakim at-Tirmidi. Ein islamischer Theosoph des 3./9. Jahrhunderts. 1980. 208 S.
ISBN 3-87997-079-3

ISLAMKUNDLICHE MATERIALIEN
herausgegeben von Klaus Schwarz

4. Bert Fragner. Repertorium persischer Herrscherurkunden aus der Zeit vor 1848. Publizierte Originalurkunden. 1980. 390 S.

5. Klaus Schwarz. Der vordere Orient in den Hochschulschriften Deutschlands, Österreichs und der Schweiz. Eine Bibliographie von Dissertationen und Habilitationsschriften. 1885—1978. 722 S.
ISBN 3-87997-068-8

6. Zâkir Şükrî Efendi. Die Istanbuler Derwischkonvente und ihre Scheiche. Herausgegeben von M. Serhan Tayşi. Mit einer Einleitung von Klaus Kreiser. 1980. 160 S.
ISBN 3-87997-076-9

7. Hars Kurio. Arabische Handschriften der 'Bibliotheca orientalis Sprengeriana' in der Staatsbiliothek Preussischer Kulturbesitz—Berlin. 1981. 116 S.
ISBN 3-87997-080-7

**STUDIEN ZUR SPRACHE, GESCHICHTE
UND KULTUR DER TÜRKVÖLKER**
herausgegeben von Georg Hazai

1. Klaus-Detlef Wannig. Der Dichter Karaca Oğlan. Studien zur türkischen Liebeslyrik. 1980. 738 S.

2. Erich Prokosch. Studien zur Grammatik des Osmanisch-Türkischen unter besonderer Berücksichtigung des Vulgärosmanisch-Türkischen. 1980. 278 S.

Bei Fragen zur Produktsicherheit wenden Sie sich bitte an:
If you have any questions regarding product safety,
please contact:

Walter de Gruyter GmbH
Genthiner Straße 13
10785 Berlin
productsafety@degruyterbrill.com